한권으로 읽는

인문필독서 48권 특강 2

오정윤 지음

열린미래학교

•••• 머리말

> 미래를 읽는 인문학!!!

　　미래를 읽는 인문학이란 가치를 담아 '인문필독서 48권특강'을 세상에 내놓습니다. 홍수처럼 쏟아지는 인문학 관련서 가운데 인문(人文)이 무엇인지, 인문고전은 왜 읽어야 하는지 무척이나 궁금해하는 독자분들에게 이 책이 아주 특별하고 행복한 선물이기를 바랍니다.

　　인문필독서 48권특강은 역사인문 강좌, 고전학당, 인문독서 교육현장에서 만들어졌습니다. 오랫동안 역사인문 열린학교인 '미래학교'와 인문적 성찰과 시민력을 지향하는 '서울시민대학', 여러 도서관과 평생교육센터 등에서 인문학을 강의하고 교안을 작성하면서 학습자분들이 무엇을 원하는지, 어떻게 인문고전을 읽는게 좋은지 경청했습니다.

　　그리고 이러한 요구를 반영하여 이 책을 가장 필요로 하는 수험생과 내일을 준비하는 직장인을 위해 꼭 읽어야 하는 동서양 인문고전을 뽑았습니다. 핵심적인 키워드와 개념을 요약하고, 인문교양과 풍부한 상식을 쌓는데 도움이 되는 다양한 예시, 시대배경, 역사환경, 사회적 상황 등을 담았습니다. 따라서 필독서 48권을 읽다보면 유익한 다큐나 재미있는 영화 48편을 보는 듯한 느낌을 가질 것입니다. 이 부분이 〈인문필독서 48권특강〉이 갖는 가장 큰 덕목이라 자부합니다.

아울러 이 책을 기다려 오신 많은 독자분들을 위하여 인류지성이 남겨놓은 수많은 인문필독서를 쉽고 빠르게, 그리고 개념과 맥락을 한눈에 파악할 수 있도록 강의식으로 내용구성을 하였습니다. 인문학의 토대를 쌓고자 하시는 독자분들에게는 맥락, 내용, 핵심을 파악하기 쉽게 안내하고 있습니다. 그리하여 이 책을 통해 친근해진 48권의 인문필독서가 각자의 서가에 꽂혀 사랑받기를 상상해 봅니다.

그렇다면 이제 우리는 왜 '인문학을 공부하고, 인문고전을 읽어야 하나요' 라는 질문에 이르게 됩니다. 아시다시피 인문학은 정답을 구하지 않습니다. 세상에 대해 끊임없이 읽고, 묻고, 사색하고, 성찰하는 과정입니다. 그래서 오늘날 변화의 폭풍이 휘몰아치는 지식 정보화 시대, 제4차 산업혁명의 전환기에서도 인문학이 갖는 힘이 있습니다. 그것은 인문학이 과거를 탐색하고, 오늘을 성찰하고, 미래를 읽는 지적인 영양소이기 때문입니다.

그래서 어떤이는 인문고전을 읽는 것은 도심에서 숲을 만나는 행운이라고 말합니다. 과거의 시간을 거슬러 올라가 수많은 지성(知性)의 스승들과 마주앉아서 행복한 시간을 갖는다는 것을 의미이기도 합니다. 인문고전은 책을 통한 과거와 현재의 대화라 하겠습니다. 그런데 많은 이들이 정작 인문학이 무엇인지 궁금해 하고 묻습니다.

인문학은 어려운 것도 아니고 특별한 것도 아닙니다. 일반적으로 후마니타스(Humanitas)라고 일컫는 인문학은 세 개의 기둥을 갖습니다. 그것은 철학, 역사, 문학입니다. 인간의 삶을 탐구하는 역사, 사유의 의미를 찾아가는 철학, 그리고 인간에 대한 모든 이야기를 담은 문학이 인문학의 뼈대입니다.

인류지성은 역사속에서 오랫동안 인문학의 뼈대라고 하는 철학, 역사, 문학 등의 시선으로 인간에 대한 지적탐구를 하였습니다. 이를 우리는 인문학이라 합니다. 따라서 인문학을 한마디로 정의한다면 '인간을 아는 것' 입니다. 역사적인 인간, 철학적인 인간, 문학적인 인간, 정치적인 인간, 문화적인 인간 등이 어떤 존재인가 탐구하는 과정입니다.

이제 세상과 만난 '인문필독서 48권특강'은 그간의 인류지성이 남긴 역사, 철학, 문학의 영역에서 꼭 읽어야 하는 인문명저를 종합하고, 키워드와 개념별로 핵심내용을 정리하여, 쉽고 빠르게 읽을 수 있도록 하였습니다. 많은 분들이 이 점을 알아주시고 이 책을 아껴주시면 고맙겠습니다.

우리가 인문고전을 읽는 것은 그것이 삶의 나침반이고 어둠을 밝혀주는 등불이기 때문입니다. 인문고전의 힘은 읽고 돌아보는데(성찰) 있습니다. 인문고전은 삶에 활력을 불어 넣어주는 지식의 자양분입니다. 과거와 현재를 연결하고, 미래를 열어주고, 수많은 사람들의 마음과 행동을 이어주는 징검다리이기도 합니다. 이 강을 건너 저 언덕에 진리의 나무와 휴식처가 있습니다.

우리는 인문고전을 통해 과거의 스승들과 교류하고, 인류사회에 희망의 불씨가 살아 있다는 것을 느낍니다. 인문고전은 과거의 지성이 미래의 후손들에게 주는 소중한 선물입니다. 이런 마음으로 이 책 〈인문필독서 48권특강〉을 평생의 벗으로 함께 해주시면 고맙겠습니다.

2017년 3월 1일 삼일절에
저자 오정윤 드림

한권으로 읽는
인문필독서 48권특강2

- **머리말** 미래를 읽는 인문학 _ 3

01 어린 왕자, 생텍쥐페리 _ 13
1. 어린 왕자는 어떤 뜻일까요? _ 16
2. 구도를 그리면 전체가 보입니다. _ 18
3. 길들이기는 무엇을 말하나요? _ 19
4. 별이 아름다운것은 왜 일까요? _ 20
5. 삶에서 왜 여우와 우물이 필요하나요? _ 21
6. 지구는 왜 아름답지 않나요? _ 22
7. 어린 왕자는 왜 어른속에 존재하나요? _ 23

02 이반 데니소비치의 하루, 솔제니친 _ 25
1. 솔제니친은 어떤 사람인가요? _ 28
2. 감옥에서 인간은 어떻게 변하는가요? _ 29
3. 감옥에서 만나는 일상의 욕망 _ 30
4. 인간은 왜 빵과 물에 지배를 당하는가요? _ 32
5. 인간은 어떻게 희망을 가질까요? _ 33

03 싯다르타, 헤르만 헤세 _ 35
1. 고빈다와 싯다르타의 길 _ 38
2. 싯다르타의 고뇌는 어떤걸까요? _ 40
3. 목표가 없는 정진을 떠나라! _ 41
4. 진리는 배움으로 가능한가요? _ 42
5. 중도의 길, 현실에서 배운 가르침 _ 44
6. 강물은 어떤 상징인가요? _ 45
7. 사물의 양면성을 어떻게 극복할 수 있을까요? _ 47

04 아무도 미워하지 않는 자의 죽음, 잉게 숄 _ 49
1. 전체주의는 어떻게 자라는가요? _ 52
2. 전체주의가 두려워 하는 것은 무엇일까요? _ 53
3. 백장미단이 꿈 꾼 세상은 어떤 모습인가요? _ 56
4. 절망속에 피어나는 희망의 근거는 무엇인가요? _ 57
5. 생명적 인간에서 역사적 인간으로…! _ 58
6. 자유는 살아있다의 외침이 갖는 의미 _ 59

05 젊은 베르테르의 슬픔, 괴테 _ 61
1. 이성과 감성이 충돌하는 사회를 만나다 _ 64
2. 모든 사랑은 왜 시와 노래가 될까요? _ 66
3. 청춘에게 사랑이 유일한 것인가요? _ 67
4. 감정과 이성의 격렬한 대립 _ 69
5. 이루어질 수 없는 사랑의 끝은 어딜까요? _ 70
6. 베르테르를 위한 변명 _ 73

06 원미동 사람들, 양귀자 _ 75
1. 원미동의 반어적 상징성은 무엇인가요? _ 78
2. 원미동은 유토피아가 될 수 있을까요? _ 80
3. 이룰 수 없는 꿈의 기대감 _ 81
4. 공동체의 희망은 어디에 있나요? _ 82
5. 유배당한 땅의 사라지는 유토피아 _ 84
6. 작은 희망의 불씨를 살려라! _ 86

07 호밀밭의 파수꾼, 샐린저 _ 87
1. 호밀밭은 무엇을 상징하는가요? _ 90
2. 청소년은 왜 기성세대에 저항하나요? _ 92
3. 콜필드는 왜 파수꾼을 자처하나요? _ 95
4. 여러분의 호밀밭은 어디에 있나요? _ 97

08 파리대왕, 윌리엄 골딩 _ 99
1. 파리대왕은 어떤 뜻일까요? _ 102
2. 낯선 땅에서 만난 민주주의 _ 103
3. 민주적 질서와 야만적 자유 _ 107
4. 신화와 금기는 어떻게 만들어지나요? _ 109
5. 민주주의에 희망은 있나요? _ 111

09 닥터 노먼 베쑨, 테드 알렌, 시드니 고든 _ 113
1. 노먼 베쑨은 어떤 사람인가요? _ 116
2. 생명의 칼에서 정의의 칼로! _ 118
3. 사회적 치유는 무엇을 말하나요? _ 119
4. 베쑨은 왜 중국에 가야했나요? _ 121
5. 세계인으로 살아가는 방법을 찾아서 _ 123

10 노인과 바다, 헤밍웨이 _ 125
1. 노인과 바다와 소년은 어떤 뜻인가요? _ 128
2. 숫자 84에는 어떤 의미가 담겨 있나요? _ 130
3. 청새치는 무엇을 의미할까요? _ 132
4. 뼈만 남은 물고기는 소년의 몫 _ 133
5. 인간의 존엄은 어디에서 오나요? _ 135

11 무엇을 할 것인가?, 체르니 셰프스키 _ 137
1. 나르도니키들의 꿈은 무엇일까요? _ 140
2. 베라, 운명의 굴레에 갇히다! _ 142
3. 베라, 사랑에 눈을 뜨다! _ 144
4. 베라, 지하실을 탈출하다! _ 146
5. 평등은 어떻게 오는가요? _ 148
6. 진정한 사랑은 무엇일까요? _ 149
7. 무엇을 할 것인가? _ 151

12 백년 동안의 고독, 마르케스 _ 153
1. 마술적 사실주의는 무엇을 말하나요? _ 156
2. 복잡한 가계도는 고독의 상징이다 _ 158
3. 고독의 근원은 어디에서 오나요? _ 158
4. 100년의 시간은 무엇을 의미하나요? _ 161
5. 역사는 고독을 치유할 수 있나요? _ 163
6. 어디에서 희망을 찾을 수 있나요? _ 164

13 나의 라임 오렌지나무, 바스콘셀로스 _ 167
1. 아이들은 왜 철이 들어야 하나요? _ 170
2. 때로는 크리스마스에도 악마같은 아이가 태어난다! _ 172
3. 악동에게도 자기의 천사와 멘토는 있다! _ 174
4. 제제, 뽀루뚜까를 만나 철들기 시작하다! _ 175
5. 아기 예수는 슬픔속에서 태어났다! _ 177
6. 제제의 분신, 나의 라임 오렌지나무 _ 179

14 변신, 프란츠 카프카 _ 181
1. 변신, 존재의 이유가 없다! _ 184
2. 변신, 소통의 부재를 말하다! _ 186
3. 변신, 존재를 부정당하다! _ 187
4. 변신, 내가 없어도 세상은 돌아간다! _ 188
5. 변신, 세상에 환타지는 없다! _ 189

15 데카메론, 조반니 보카치오 _ 191
1. 단테와 페트라르카, 보카치오를 만들다! _ 194
2. 데카메론은 어떤 책인가요? _ 195
3. 데카메론, 근대인간을 만들다! _ 197
4. 데카메론, 지혜와 사랑을 말하다! _ 198
5. 데카메론, 운명과 싸우는 인간을 그리다! _ 200
6. 데카메론, 오늘도 살아있다! _ 201

16 위대한 개츠비, 스콧 피츠제럴드 _ 203
1. 잃어버린 세대 _ 206
2. 위대한, 그리고 위대한! _ 208
3. 시간을 되돌릴 수 있을까요? _ 210
4. 사랑은 소유해야 하는가요? _ 211
5. 빛바랜 미국의 꿈들.....! _ 213

17 유토피아, 토머스 모어 _ 215
1. 토머스 모어, 유토피아를 꿈꾸다! _ 218
2. 유토피아, 이룰수 없는 꿈인가요? _ 220
3. 무릉도원은 어디에 있나요? _ 221
4. 양들이 사람을 잡아먹는다! _ 223
5. 유토피아, 현실을 비판하다! _ 224
6. 유토피아, 대안을 모색하다! _ 225
7. 유토피아, 인문학을 만나다! _ 227

18 나에게는 꿈이 있습니다, 마틴 루터 킹 _ 229
1. 킹목사의 사상적 원천을 찾아가다! _ 233
2. 버스 보이콧운동, 흑백차별을 철폐하다! _ 234
3. 버밍햄운동, 헌법의 가치를 생각하다! _ 236
4. 워싱턴행진, 자유를 얻다! _ 237
5. 오바마, 나에게는 꿈이 있습니다! _ 239

19 1984, 조지 오웰 _ 241
1. 오웰, 시대를 비판하다! _ 244
2. 묵시록의 숫자, 1984를 말하다! _ 246
3. 빅브라더는 누구인가요? _ 247
4. 1984, 통제사회를 보여주다! _ 249
5. 전쟁은 왜 평화인가요? _ 251
6. 자유의지, 어디에서 찾을까요? _ 252
7. 정보화사회, 우리의 미래는 어떠할까요? _ 253

20 법의 정신, 몽테스키외 _ 255
1. 〈법의 정신〉은 어떻게 탄생했을까요? _ 258
2. 자연법과 실정법의 원리는 무엇인가요? _ 259
3. 공화 정체, 군주 정체, 전제 정체 _ 260
4. 몽테스키외의 3권분립 _ 262
5. 우리나라의 민주 정체를 생각합니다! _ 263

21 사회계약론, 장 자크 루소 _ 265
1. 계몽사상, 혁명에 불을 당기다! _ 268
2. 모든 권력은 자연에서 나온다! _ 270
3. 사회계약이 필요하다! _ 271
4. 국가는 어떻게 탄생할까요? _ 272
5. 일반의지는 어떻게 구현되나요? _ 273
6. 일반의지, 정부를 구성하다! _ 274
7. 루소, 그 이후의 시민국가 _ 275

22 위대한 설계, 스티븐 호킹 _ 277
1. 스티븐 호킹, 우주의 비밀을 엿보다! _ 281
2. 위대한 질문, 우주의 근본을 묻다! _ 282
3. 양자역학, 가능성의 우주를 생각하다! _ 283
4. 4가지 힘, 세계를 구성하다! _ 284
5. 우리의 우주, 빅뱅을 찾다! _ 285
6. 약워리, 기적같은 우연이 생명을 만들다! _ 286
7. 왜 위대한 설계인가요? _ 287

23 자유론, 존 스튜어트 밀 _ 289
1. 밀, 자유와 공리를 말하다! _ 292
2. 공리주의란 무엇인가? _ 294
3. 자유론, 공리주의에서 원천을 얻다! _ 295
4. 자유론, 의사표현의 자유를 말하다! _ 296
5. 자유론, 자유를 말하다! _ 297

24 어머니, 막심 고리키 _ 299
    1. 고리키, 러시아 혁명을 낳다! _ 302
    2. 어머니, 세상을 바꾸다! _ 303
    3. 왜 '어머니'인가요? _ 306
    4. 생명의 어머니는 누구를 말하는가요? _ 307
    5. 사회적 어머니는 어떻게 탄생하나요? _ 309
    6. 고리키, 동지애를 꿈꾸다! _ 310

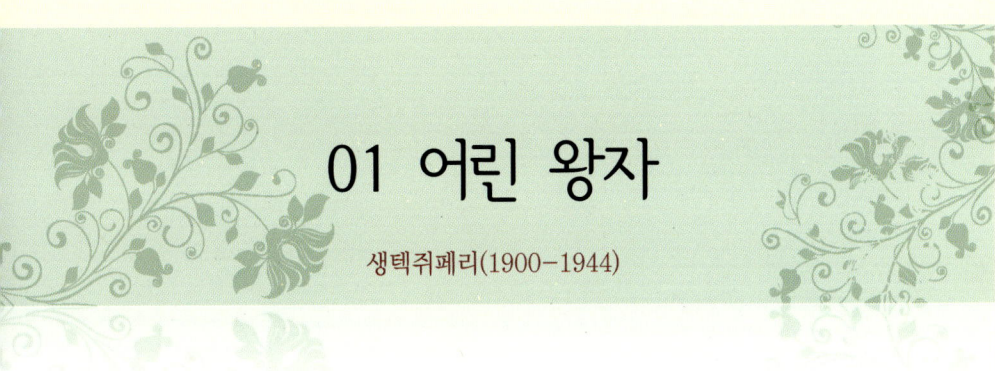

01 어린 왕자

생텍쥐페리(1900-1944)

동심(童心)

사람에게 가장 소중했던 시절은 어린시절이다. 삶에서 가장 순수했던 시기이고, 현실의 때가 묻어 있지 않은 동심(童心)이 살아 있는 시기이기도 하다. 어린 왕자는 호기심, 순수함, 동심이 숨쉬는 어린시절을 상징한다.

 **한 줄 키워드로 읽는 〈어린 왕자〉**

동심, 양, 여우, 바오밥나무, 사막, 우물, 장미, 길들이기

가장 중요한 것은 눈에 보이지 않는 법이야!

길들인다는게 뭐야? 사람들 사이에서 너무 쉽게 잊혀진 어떤 것인데, 그건 관계를 만든다는 뜻이야!

바오밥나무도 어른이 되기 전에는 작은 나무일거야!

* 이 책에 인용한 구절의 출전은 '비룡소' 출간본입니다.

01. 어린 왕자

가장 중요한 것은 눈에 보이지 않는 법이야!

● 국내 출간물 : 좌로부터 비룡소, 열린책들, 허밍버드, 휴먼앤북스

어린 왕자의 작가인 생텍쥐페리(1900-1944)는 1900년에 프랑스의 리옹에서 태어났습니다. 열 두 살이 되던 해인 1912년에 처음으로 비행기를 타본 경험이 오늘의 〈어린 왕자〉를 탄생시킨 자극이었습니다.

생텍쥐페리의 삶과 그의 문학세계는 비행(飛行)과 연관이 많습니다. 1931년도의 작품도 그 제목이 〈야간비행〉이었으며, 그의 최후도 1944년 프랑스와 독일의 전쟁에서 전투비행을 수행하던 중에 독일군에 격추되어 죽음에 이른 것으로 알려져 있습니다.

1. 어린 왕자는 어떤 뜻일까요?

〈어린 왕자〉는 많은 이들이 초등학교 시절에 읽었습니다. 그리고 끝이었습니다. 이 책은 책꽂이에 꽂힌채로 성찰과 사색이 없는 종이묶음으로 외롭게 시간을 보냈을 것으로 보입니다.

• 저자 : 생텍쥐페리(1900-1944), 우표와 화폐

2010년도 영남대학교 글로벌 인재전형의 심층 구술면접에 어린 왕자의 뜻과 어린 왕자의 죽음을 묻는 시험이 있었습니다. 예상외로 대답을 제대로 한 학생이 없었다고 전하는 걸 보면 어린 왕자는 누구나 알고는 있지만 정작 그 책을 통한 인문적 성찰은 부족하지 않았던가 생각합니다.

사실 상당 부분의 답은 제목에서 찾을 수 있습니다. 모든 책의 제목은 저자가 가장 중요하게 생각하는 가치나 의도를 담고 있기 때문이지요.

•영화속 장면 : 상자안에 있는 양

〈어린 왕자〉에서 말합니다. '이건 상자야, 네가 원하는 양은 이 속에 있어!' 라고 말입니다. 상자속에는 아주 작은 양이 있습니다. 오래 살 수 있는 양은 순수함이 지속적인 시간을 말하고 있는 듯 합니다. 하지만 편견이나 현상에 집착하면 그 속의 양을 볼 수가 없습니다.

이건 상자야, 네가 원하는 양은 이 속에 있어!

사람에게 가장 소중했던 시절은 어린시절입니다. 삶에서 가장 순수했던 시기이고, 현실의 때가 묻어 있지 않은 동심(童心)이 살아 있는 시기입니다. 어린 왕자는 호기심, 순수함, 동심이 숨쉬는 어린시절을 상징한다고 보면 될 것입니다. 동심을 잃으면 코끼리만 보이고 보아 뱀은 생각하지 못하는 것이지요.

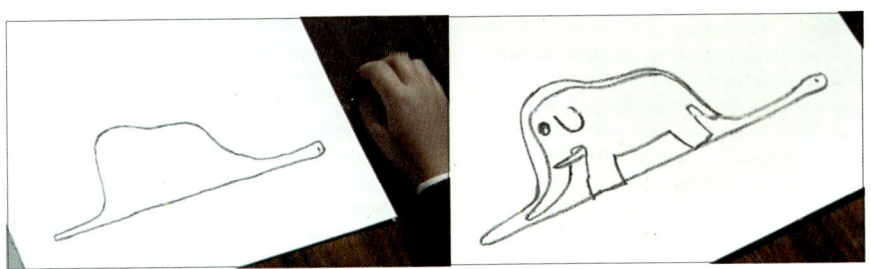

•영화속 장면 : 코끼리를 삼킨 보아 뱀

2. 구도를 그리면 전체가 보입니다.

인문고전은 어렵다고 말합니다. 내용을 기억하려면 더욱 어렵게 느껴집니다. 굳이 책의 모든 것을 외울 필요는 없을 것입니다. 중요한 것은 그 책에 담긴 의도와 성찰적 의미를 파악하는 것이라 봅니다.

①탄생	보아뱀(편견과 고정관념), 길들이기(다정함, 익숙함)	
②사막	양(소중한 것, 순수함)	장미(추억, 시간)
	여우(멘토, 방향)	우물(가치, 희망, 진리, 등불)
③바오밥나무	욕망, 자만심, 허영심, 이기심, 외눈박이, 어리석음	
④죽음	현실의 벽, 이기심의 벽	
⑤귀환	동심이 살아있는 세계	

구도는 흐름을 파악하면 나옵니다. 이를 위해 전체의 내용을 이해하고 이에 따른 흐름표를 구성하면 구도가 보입니다. 그리고 이 구도에 따라 책의 내용을 훑어가면 전체가 한 눈에 드러납니다.

〈어린 왕자〉도 이런 구도를 그려서 생텍쥐페리의 생각과 의도에 접근하는 방법도 필요합니다. 〈어린 왕자〉는 다양한 상징과 우의적 기법이 평면적으로 펼쳐져 있어서 한 눈에 파악하기 어렵다고 합니다.

다른 말로는 '다양한 해석'을 낳을 수도 있습니다. 그래서 하나의 그림과 내용에도 읽는 이의 마음과 위치에 따라 다르게 읽히고 해석됩니다. 구도는 다양한 시각과 생각들을 정리하고 성찰하게 이끌어 줍니다.

3. 길들이기는 무엇을 말하나요?

〈어린 왕자〉에서 중요한 가치가 '길들이기' 입니다. 사람의 관계는 길들이기에서 시작합니다. 서로에게 길들여지려면 관계맺기가 필요합니다. 서로가 자기의 이익만을 원하고, 남에게 무엇인가 탐할 것을 궁리하면 관계는 이루어지지 않고 지속되지도 않습니다.

길들인다는게 뭐야?

사람들 사이에서 너무 쉽게 잊혀진 어떤 것인데, 그건 관계를 만든다는 뜻이야!

 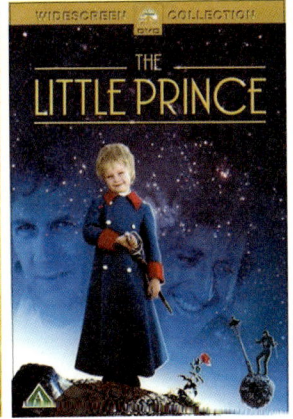

길들이기는 익숙해진다는 뜻입니다. 사람과 사람의 사이에서 이루어지는 관계맺기는 서로에게 익숙해질 때 더욱 튼튼하고 질긴 인연이 됩니다. 그렇지 않으면 서먹서먹하고 어느 순간에 멀어집니다.

•〈어린 왕자〉 영화포스터 : 2015년 애니메이션과 1974년 필름영화

헌신적인 노력을 통해 상대의 가치를 발견하고, 그것으로 타인을 이해하면 그때서야 관계는 지속적이 되고, 길들여지는 것입니다. 이는 어려운 것 같아도 사실은 '자기 마음에 있는 어린 왕자'를 찾으면 타인과 쉽게 관계맺기가 이루어 집니다.

4. 별이 아름다운것은 왜 일까요?

•영화속 장면 : 별이 아름다운 것은 장미가 있어서야!

어린 왕자는 '가장 중요한 것은 눈에 보이지 않는다'고 말합니다. 물질적 욕망이나 이기심으로 이어지는 관계는 지속적이지도 못하고 헌신적이지도 않습니다. 눈에 드러나지 않는 중요한 가치가 필요합니다.

별들은 보이지 않는 한송이 꽃 때문에 아름다운거야……!

별이 아름다운 것은 어떤 찬사나 빛 때문이 아닙니다. 보이지 않는 한송이 꽃 때문에 별이 아름답다고 말합니다. 모든 별에는 꽃도 있고 나무도 있습니다. 그렇지만 길들여지지 않은, 시간의 공(功)이 없는 관계는 의미가 없습니다.

네 장미를 그토록 소중하게 만든 건 그 꽃에게 네가 바친 그 시간들이야.

나는 내 장미에 책임이 있다.

자신이 가꾼 장미가 소중하다 여기는 마음이 일어나는 것은 그 꽃에 바친 시간들이 그렇게 만든 것이지요. 길들이기는 바로 이런 시간들의 연속이고, 그 헌신에 대한 책임을 갖고 있습니다.

5. 삶에서 왜 여우와 우물이 필요하나요?

연약한 꽃들도 가시를 갖고 있습니다. 어린 양도 연약한 꽃을 먹습니다. 관계는 이렇게 힘겹게 지탱합니다. 자신이 이런 모든 장벽과 공격으로부터 살아가기에는 힘이 벅찹니다. 그래서 우리는 삶의 방향을 잡아주는 스승과 진리가 필요합니다.

• 영화속 장면 : 삶의 스승인 여우

가장 중요한 것은 눈에 보이지 않는 법이야!

여우는 우리 삶의 스승입니다. 관계맺음을 알려주고, 길들이는 방법을 안내하고, 인내심이 필요하며, 눈에 보이지 않는 소중한 가치를 중요하게 여기는 마음을 알려줍니다.

인생을 사막으로 비유하자면 꼭 필요한게 있습니다. 만일 우리 삶에서 소중한 가치, 진리의 등불이 없다면 삶의 가치나 의욕은 없어집니다. 사막에서 우리는 우물이 있어야 살 수 있고, 그것이 희망이 됩니다.

사막이 아름다운 것은
그것이 어딘가에 우물을 감추고 있기 때문이야.....

집이든 별이든 사막이든, 그걸 아름답게 해 주는 것은 보이지 않는거야!

•영화속 장면 : 사막이 아름다운 것은 우물의 존재

눈에 보이는 가치는 현상적이고 순간적이고 사라지는 것입니다. 여우는 우리에게 유혹에 빠지지 않는 스승의 필요성을 말해줍니다.

인생에서 단계마다 필요한게 본보기가 될 수 있는 사람이고 그것이 〈어린왕자〉에서는 여우이고, 목표에 흔들리지 않고 갈 수 있는 진리의 등불이 바로 사막속에 자신의 존재를 숨기고 있지만 가장 소중한 가치를 지닌 우물이라고 보아도 틀림 없을 것입니다.

6. 지구는 왜 아름답지 않나요?

어린 왕자는 탐욕, 이기심, 어리석음, 허영심이 가득한 별들을 돌아 다녔습니다. 지구는 일곱 번째 여행길입니다. 그런데 이곳에는 다른 여섯개의 별에서 만난 모든 것들이 다 있습니다. 이런 사람들이 무려 20억명이나 살고 있습니다.

바오밥나무도 어른이 되기 전에는 작은 나무일거야!

어느새 어른들은 바오밥나무가 되어 어린 시절의 '어린 왕자'를 모두 잃었습니다. 아니면 그 마음속 깊은 곳에 잠자고 있을지도 모릅니다. 이기심, 경쟁심, 욕망, 자만심 등이 순수한 어린 왕자를 가리고 있기 때문입니다.

•영화속 장면 : 동심을 잃은 바오밥나무

어른들은 숫자를 좋아한다. 만약 여러분이 새로 사귄 친구 얘기를 하면 어른들은 결코 중요한 것은 묻지 않는다.

어른들은 여러분에게 '그 애 목소리는 어떠니? 그 애는 무슨 놀이를 좋아하니? 그 친구도 나비를 수집하니?' 라고는 절대로 묻는 법이 없다.

대신 '그 애는 몇 살이지? 형제는 몇 명이고? 몸무게는 몇킬로그램이나 나가니? 아버지의 수입은 얼마야?' 라고 묻고서는 그 걸로 그 친구가 어떤 사람인지 알 수 있다고 생각한다.

20억명의 바오밥나무가 자라는 지구에서 어린 왕자는 여우를 만나고 사막에서 우물을 만나도, 아름다운 장미를 가꾸어도 현실의 벽을 넘어 살아 가기에는 너무나 힘겨운 별입니다.

7. 어린 왕자는 왜 어른속에 존재하나요?

동화속의 어린 왕사는 자기 별로 귀한 하였습니다. 그렇다면 우리 지구에는 어린 왕자기 없는 걸까요? 있습니다. 없는게 아닙니다.

마찬가지로 여러분이 '어린 왕자가 있었다는 증거는 그가 매혹적이었고, 웃었으며, 또 양 한 마리를 갖고 싶어 했다' 는 것이에요. 누군가가 양을 갖고 싶어한다면 그건 어린 왕자가 있다는 증거니까요.

모든 아이는 집에서 '별'이고 바로 그 별에서 온 '어린 왕자'입니다. 이 어린 왕자가 점차로 자라면서 바오밥나무를 닮아 간다면 어린 왕자는 어른의 추억속에, 어린 시절의 시간속에 만 있게 됩니다.

 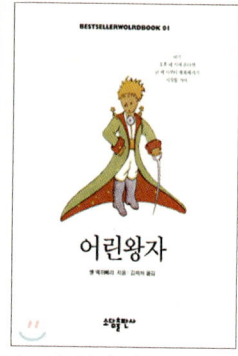 

• 국내출간물 : 좌로부터 김앤정, 소담출판사, 아이위즈

그렇다면 지구에서 살지 못하고 자기 별로 귀환하는 어린 왕자가 되지 않기 위해 우리는 할 수 있는 일이 무엇일까요? 내 마음속에 자라는 바오밥나무를 들고 있는 칼로 언제든지 자를 수 있어야 합니다.

생텍쥐페리가 어린 왕자의 상징으로 칼을 들고 있는 그림을 그려 우리에게 보여주고 싶은 것은 여전히 우리에게 희망이 있기 때문일 것입니다. 어른들에게도 한때는 어린시절이 있었고, 그 시절의 동심속에 어린 왕자가 살아 있었다는 것은 확실하니까요.

🌸 성찰과 사색의 몇가지 틈새

1) 어린 왕자는 누구를 말하나요?
2) 길들이기는 어떻게 하는게 좋을까요?
3) 여우는 무엇을 상징하나요?
4) 내 마음속 바오밥나무를 어떻게 없앨 수 있나요?

02 이반 데니소비치의 하루

솔제니친(1918-2008)

자유와 희망

인간은 희망이 없을 때 빵과 물의 지배를 받는다. 내일의 기대가 없으면 오늘의 욕망을 놓고 싸우게 되는 것이다. 이성적 인간이나 감성적 인간이 아닌, 욕망의 지배를 받는 배타적이고 수동적인 동물적 욕구만이 남는 것이다. 그래서 인간에게 희망이 필요하다.

 한 줄 키워드로 읽는 〈이반 데니소비치의 하루〉

빵, 자존감, 희망, 자유, 수용소, 존엄성, 인권

요컨대 수용소 생활이란 200그램의 빵이 모든 것을 지배하고 있는 셈이다.

한 모금만 빨게 해주시오.

군중은 녹초가 되고 숨결마저 거칠어갔다. 그러나 이 모든 것도 한 그릇의 국을 얻기 위한 것이었다.

* 이 책에 인용한 구절의 출전은 '문예출판사' 출간본입니다.

02. 이반 데니소비치의 하루

요컨대 수용소 생활이란 200그램의
빵이 모든 것을 지배하고 있는 셈이다.

• 국내 출간물 : 좌로부터 문예출판사, 민음사, 홍신문화사, 청목사

자유를 억압당한 인간에게 가장 소중한 것은 무엇일까요? 일상적 삶이 반복되는 수용소에서 인간적 이성은 사라지고 동물적 욕구만이 남게 되는 비극적이고 암울한 현실에서 인간은 어떻게 희망을 잃지 않고 존엄성을 지킬 수 있을까요?

노벨문학상(1970년)에 빛나는 러시아의 문호인 솔제니친은 이런 물음에 대해 〈이반 데니소비치의 하루〉라는 작품을 통해 말하고 있습니다.

1. 솔제니친은 어떤 사람인가요?

• 저자 : 솔제니친(1918-2008)

알렉산드로 이사예비치 솔제니친(Solzhenitsyn: 1918-2008)은 러시아 코카서스 지방 출신으로 카자크 혈통의 교사 집안에서 태어났습니다. 로스토프대에서 수학과 물리학을 공부했고, 제2차 세계대전이 일어나자 독소전선에 참전하였는데, 1945년에 스탈린을 비판한 죄명으로 강제 노동수용소에 끌려가 1953년 풀려날 때까지 8년을 지냈습니다.

이때의 경험을 바탕으로 1962년에 〈이반 데니소비치의 하루〉가 세상에 나왔으며, 1970년에 노벨문학상을 받았습니다. 러시아에서는 1958년의 〈닥터 지바고(파스테르나크)〉, 1968년의 〈고요한 돈강(숄로호프)〉에 이은 3번째의 영광이었습니다.

〈이반 데니소비치의 하루〉가 지닌 문학적인 힘은 정확하게 묘사되는 등장인물의 성격, 빠른 전개와 힘찬 문체, 고난속에서 희망을 잃지 않는 믿음, 날카로운 비판정신, 허를 찌르는 반전과 풍자에 있다고 봅니다.

2. 감옥에서 인간은 어떻게 변하는가요?

악명높은 소련의 수용소는 외부와 차단된 폐쇄된 공간입니다. 오죽하면 '마누라하고는 1941년에 헤어졌기 때문에 어떻게 생긴 여잔지 지금은 생각도 잘 나지 않을 지경입니다'라거나 '러시아인은 저렇게 손을 들어 성호를 긋는걸 잊은지가 오래니까' 라는 말이 나올까요?

야, 입김 불지 마. 올라간다. 올라가!
저런 바보 같으니! 수은주가 올라간다니까!

추운 바깥의 자유보다는 감옥 안이 편한 것이지요. 그래서 이성의 작동이 멈추고 내일의 희망이 없으면 인간에게 남는 것은 뭔가 다른 변화가 와서 오늘의 편안함과 안온한 심신을 괴롭히지 않기 만을 바라게 됩니다.

그곳이 지옥인데도 지옥을 벗어나기 보다는 하루 정도 편안한 지옥을 고대하는 심리인 것입니다. 스스로 감옥안에 내 평화스런 공간을 만드는 것입니다. 노신의 〈아큐정전〉에서 아큐가 노예근성에 찌든 것도 결국은 봉건사회의 신분제를 자신의 감옥으로 만들었기 때문입니다.

3. 감옥에서 만나는 일상의 욕망

수용소의 생활은 똑같은 생활과 행동의 반복에서 무감각을 불러 일으키고 이성의 작동을 멈추게 합니다. 그러면 인간 본연의 동물적 욕구가 자신을 어느덧 지배하고 그것이 일상이 됩니다.

어쩌다 먹다 남은 찌꺼기라도 얻어 걸리면 그릇 밑바닥을 싹싹 핥는 재미도 있으니까.

어떤 자유보다 소중한 것이 숟가락을 잃지 않는 것이고, 빵을 배급받으면 손으로 대충 무게를 재고 오늘의 크기는 어제와 다른지를 생각하게 됩니다. 그리고 일상에서는 사소한 것이 이곳 수용소에서는 귀중한 보물처럼 여겨집니다.

 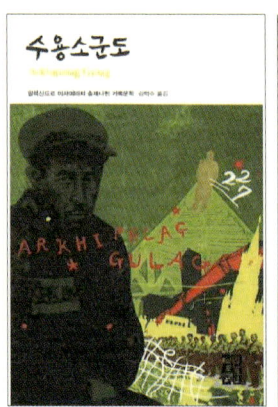 

•솔제니친의 대표작 : 〈수용소군도〉와 수의입은 모습

여기에는 지식인이건, 정치인이건, 그것이 종교인이든 모두 숫자와 기호로 표시된 죄수복을 입고, 동시에 같은 시간과 공간에서 식사를 함께하는 죄수라는데서 인간이 갖는 평범성과 일상성을 읽을 수 있습니다. 이처럼 모든 인간을 죄수라는 동일성에 묶어 두는 것입니다.

이 순간 그에게는 피우다 남은 꽁초 한 대가 자기 한 몸의 자유보다도 더 귀중하게 여겨질 지경이었다.

한 모금만 빨게 해주시오.

솔제니친은 이런 사실주의적 서술과 비판적 풍자를 통해 수용소의 야만성과 폭력성을 비판하고 폭로하고 있는 것입니다. 〈이반 데니소비치의 하루〉가 갖는 문학적인 힘은 이런 사실주의와 풍자, 비판과 역설에 있다고 하겠습니다.

죄수들은 자기의 빵 조각에 이빨 자국으로 표시를 해서 상자에 집어 넣었다. 하지만 본래가 같은 덩어리에서 잘라낸 조각들이라, 어느 것이 어느 놈의 것인지 구분하기가 쉽지 않았다. 죄수들은 작업장에 나가면서도, 혹시 자기의 빵조각이 다른 놈의 것과 바뀌지나 않을까, 줄곧 이런 걱정만 하고 있어야 한다. 이것 때문에 말다툼이 그치지 않았고, 때로는 큰 싸움까지 벌어지곤 했다.

이처럼 수용소에서는 독립적 사고를 갖춘 이성적 인간은 없고 모두 동일한 감정과 욕망과 사소한 일과 물건에 욕망하는 인간만이 남게 됩니다. 수용소의 야만성은 바로 이런 것에 있습니다.

메트리스 속에 감춰둔 빵은 무사할까? 오늘 저녁 의무실에 가면 작업 면제를 받을 수 있을까? 해군 중령은 어떻게 손에 넣은 것일까? 제자리의 그 푹신푹신한 셔츠는 도대체 어떻게 손에 넣은 것일까? 틀림없이 사물 보관소에서 흘러나온 것이겠지.

4. 인간은 왜 빵과 물에 지배를 당하는가요?

인간은 희망이 없을 때 빵과 물의 지배를 받습니다. 내일의 기대가 없으면 오늘의 욕망을 놓고 싸우게 됩니다. 이성적 인간이나 감성적 인간이 아닌, 욕망의 지배를 받는 배타적이고 수동적인 동물적 욕구만이 남는 것입니다.

수용소의 작업반이란, 높은 사람이 일부러 나돌아 다니지 않아도, 죄수들끼리 서로 채찍질을 하게 만든 조직이다. 작업반 전원에게 상여 급식이 나오느냐, 아니면 전원이 배를 곯느냐, 이것이 수용소의 규칙이다.

요컨대 수용소 생활이란 200그램의 빵이 모든 것을 지배하고 있는 셈이다.

•영화속 장면 : 〈수용소군도〉의 솔제니친

수용소에서 인간은 이처럼 빵 앞에서 자존심과 합리적, 희망적, 이성적 인간임을 포기하게 됩니다. 편안함과 일상의 휴식을 취하기 위해 목숨을 걸고 싸우기도 합니다.

군중은 녹초가 되고 숨결마저 거칠어갔다. 그러나 이 모든 것도 한 그릇의 국을 얻기 위한 것이었다.

5. 인간은 어떻게 희망을 가질까요?

그래도 인간은 암울하고 비극적인 현실 앞에서도 최소한의 자존을 유지할 수 있는 원동력이 살아 있습니다. 그것은 휴머니즘의 정신을 잃지 않고 인격적 존엄성을 지키는데서 온다는 것을 알 수 있습니다.

슈호프는 생선 뼈를 입에 넣고, 씹고 또 씹어 국물을 빨아먹은 다음 찌꺼기를 식탁 위에 뱉었다. 그도 남들처럼 무슨 생선이건 대가리서부터 꼬리까지 남김없이 먹는다. 그러나 눈알만은 아무래도 먹을 용기가 나지 않는다. 그것 때문에 곧잘 다른 친구들의 웃음을 사곤 했다.

• 솔제니친의 장례식 모습(2008년)

슈호프는 비록 수용소에 갇혀 있지만 수용소 밖에서 하던대로 생선 뼈를 입에 넣고, 또 씹어 국물을 빨아먹은 다음 찌꺼기를 식탁 위에 뱉었습니다. 그도 남들처럼 무슨 생선이건 대가리서부터 꼬리까지 남김없이 먹습니다. 그러나 눈알만은 아무래도 먹을 용기가 나지 않는가 봅니다. 그것 때문에 곧잘 다른 친구들의 웃음을 사곤 했지만 그것에서 우리는 최소한의 인간을 발견합니다.

눈알만은 아직 먹을 수 없는 자존심이 남아 있다면 불의한 것에 저항할 수 있는 휴머니즘은 살아 있다는 것입니다. 비록 일상의 욕망에 하루하루를 편안하게 지내기만을 고대하지만, 가끔은 인간임을 보여주는 것, 느끼는 것이 필요합니다.

어떤 종류의 타협도 받아 들이려 하지 않는다. 200그램의 빵만 하더라도, 다른 죄수들처럼 국물에 더럽혀진 식탁에 대뜸 내려 놓으려 하지 않고 깨끗이 세탁한 천 조각을 깔고 그 위에 올려놓는 것이다.

수용소 밖에서 직업이 교수였던 한 죄수는 이렇게 자신의 존엄을 보여줍니다. 이처럼 희망의 끈을 잃지 않는 것은 최소한의 자존을 유지하는 의지에 있습니다. 하루하루를 그렇게 버티다 보면 1년, 5년, 10년을 하루처럼 보낼 수 있게 되고, 희망의 길을 걸어 나올 수 있게 되는 것입니다.

재수가 썩 좋은 하루였다. 영창에도 들어가지 않았고, '사회주의 단지'로 추방되지도 않았다. 점심때는 죽그릇 수를 속여 두 그릇이나 얻어 먹었다.

이렇게 하루가, 우울하고 불쾌한 일이라고는 하나도 없는, 거의 행복하기까지 한 하루가 지나갔다. 이런 날들이 그의 형기가 시작되는 날부터 끝나는 날까지 만 10년이나, 3653일이나 계속되었다. 사흘이 더해진 것은 그 사이에 윤년이 끼었기 때문이다.

역설적이고 풍자적인 10년의 감옥 생활은 〈이반 데니소비치의 하루〉에서 묘사한 것처럼 행복한 하루가 3653일이나 이어진 감동의 나날이었습니다. 그리고 이것이 진실이라 믿는 것은 아니겠지요? 솔제니친이 소련과 스탈린에게 보내는 감사의 역설로 보면 될 것입니다.

🌿 성찰과 사색의 몇가지 틈새

1) 인간은 수용소에서 왜 똑같아질까요?
2) 인간에게 자존감은 어떤 힘이 있을까요?
3) 빵은 어떻게 수용소를 지배할까요?
4) 수용소의 하루는 어떤 의미를 지닐까요?

03 싯다르타

헤르만 헤세(1877-1962)

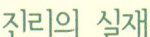

진리의 실재

헤르만 헤세는 〈싯다르타〉에서 중도의 길을 제시한다. 깨달음의 실체는 쾌락과 금욕, 현실과 출가, 친구와 자신이라는 대립적이며 의존적인 양면을 이해하고 그곳에 휩쓸리지 않는 것, 그것이 앞으로 싯다르타가 겪는 임이고 그가 궁극적으로 얻는 진리의 실체를 말해준다.

 한 줄 키워드로 읽는 〈싯다르타〉

고뇌, 진리, 해탈, 중도, 고행, 강물, 피안, 구도

하지만 오직 하나밖에 없는 유일자, 가장 중요한 것, 오로지 딱 한가지 가장 중요한 것을 모른다면, 다른 모든 것을 다 알고 있다는 것이 도대체 무슨 가치가 있을까?

우리가 도대체 해탈의 경지에 접근하고는 있는 것일까?

당신도 그 비밀, 그러니까 시간이란 존재하지 않는다는 그 비밀을 강물로부터 배웠습니까?

* 이 책에 인용한 구절의 출전은 '민음사' 출간본입니다.

03. 싯다르타

하지만 오직 하나밖에 없는 유일자, 가장 중요한 것,
오로지 딱 한가지 가장 중요한 것을 모른다면,
다른 모든 것을 다 알고 있다는 것이 도대체 무슨 가치가 있을까?

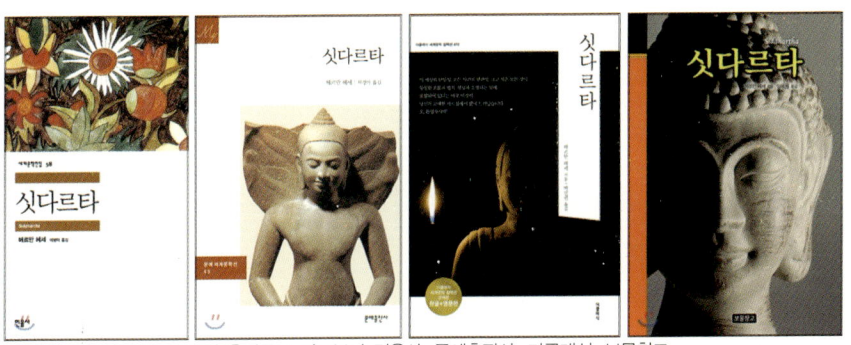

• 국내 출간물 : 좌로부터 민음사, 문예출판사, 더클래식, 보물창고

구도소설인 〈싯다르타〉는 1919년에 세상에 나온 〈데미안〉과 더불어 독일인 작가인 헤르만 헤세(Hermann Hesse, 1877-1962)의 대표작으로 1922년에 발표된 장편소설입니다.

'인도의 시(詩)'라는 부제가 붙은 이 작품에서 우리는 독일의 국가주의 압제에서 벗어나, 실존적 자아실현의 방법을 불교적 세계의 깨달음에서 구하려는 작가의 치열한 구도정신과 고뇌를 읽을 수 있습니다.

역사적, 현실적 실존인물인 싯다르타 부처님과 이 작품속 구도자 싯다르타를 구분하면서, 이 작품이 보여주려는 진정한 자아실현과 깨달음의 추구가 무엇인지 그 세계로 들어가 봅니다.

1. 고빈다와 싯다르타의 길

• 저자 : 헤르만 헤세(Hermann Hesse, 1877-1962)

헤르만 헤세의 〈싯다르타〉에는 진리를 향하는 두 갈래의 길과 두 사람의 '두 유형'이 있습니다. 고빈다와 싯다르타입니다. 고빈다는 이성적인 사유와 방식으로 진리를 향해 가고자 노력하는 사람입니다. 자신보다 뛰어난 사람을 아끼고, 훌륭한 스승의 길을 끝까지 따르고 그 가르침을 배우고, 학식을 존중하며, 하나라도 배우려고 노력합니다.

누구보다도 더 그를 사랑한 사람은 그의 친구이자 바라문의 아들인 고빈다였다. 그는 싯다르타의 눈매와 고운 목소리를 사랑하였으며, 그는 싯다르타의 걸음걸이와 완벽하게 예의를 갖춘 행동거지를 사랑하였으며, 그는 싯다르타가 말하고 행한 모든 것을 사랑하였다. 그리고 그가 가장 많이 사랑한 것은 무엇보다도 싯다르타의 정신, 고매하고 불처럼 활활 타오르는 사상, 불타는 듯한 의지, 그리고 드높은 소명감이었다.

이에 비하여 싯다르타는 경건하고 진지한 행동과 실천으로 새로운 길을 만들고, 새로운 방식으로 진리를 얻고자 노력하는 인간입니다. 수 없는 갈등과 번뇌와 욕망의 흙탕물속에서도 진리에 대한 추구를 쉬지 않았으며, 결국은 스스로의 힘으로 깨달음을 얻는 인간형입니다.

이렇듯 모두가 싯다르타를 사랑하였다. 모든 사람에게 그는 기쁨을 주었으며, 모든 사람에게 그는 즐거움의 원천이 되었다.

소설속 싯다르타는 타인에게 기쁨을 주고 존재함이 영광이 되었고, 많은 이들은 싯다르타가 행복하고 기쁨에 넘칠 것이라 생각했습니다. 그러나 정작 싯다르타는 그것이 기쁘지 않았고, 만족스럽지 않았습니다.

하지만 오직 하나밖에 없는 유일자, 가장 중요한 것, 오로지 딱 한가지 가장 중요한 것을 모른다면, 다른 모든 것을 다 알고 있다는 것이 도대체 무슨 가치가 있을까?

타인의 찬사와 흠모와 헌신이 싯다르타 자신의 실존에는 어떤 의미도 없었기 때문입니다. 그는 영원한 실체에 대해 고민합니다. 그리고 생각합니다. 신들도 나와 마찬가지로 창조된, 시간에 예속되어 있는, 덧없는 피조물들은 아닐까라는. 그리고 유일자인 아트만(자의식)의 실체를 찾아 떠나기로 결심합니다.

2. 싯다르타의 고뇌는 어떤 걸까요?

싯다르타가 진리를 찾아 출가를 하게 되는 것은 현상의 유한한 자아(自我)에서 만족과 기쁨을 누리는 것이 아니라 영원한 실체인 아트만의 추구입니다. 두려움에 신을 진실이라 믿는 주변의 사람들, 모든 이들이 신을 믿기에 믿는 자신도 안도하는 그런 상태를 벗어나는 일 이었습니다.

•룸비니 : 석가모니의 출생지

그러니까 바로 자기 자신의 자아속에 있는 근원적인 샘물을 찾아내야만 하며, 바로 그것을 자기 자신의 것으로 만들어야 하는 것이다! 그 밖의 다른 모든 것은 탐색하는 것이요, 우회하는 길이며, 길을 잃고 방황하는 데 불과하다. 싯다르타의 생각들은 이러한 것이었으니, 이것이 그의 목마름이었고, 이것이 그의 고뇌였다.

그리고 아버지에게 출가의 결심을 말하고, 고빈다와 함께 구도의 길에 나섭니다. 사랑하는 아들의 출가에 슬퍼하고 괴로워하는 아버지의 현실속 고통은 진리를 향한 싯다르타의 결심을 꺾을 수는 없었습니다.

하지만 이것이 나중에 싯다르타가 자신의 아들과 만나 갈등하고 괴로워 할 때, 그의 아버지의 심정을 이해하고 이상과 현실, 무아와 자아의 양극단을 벗어나는 깨달음의 샘물이 되었습니다. 인연이란 이렇게 무서운거죠.

3. 목표가 없는 정진을 떠나라!

모범생 고빈다와 파격생 싯다르타의 고행은 수많은 수행자들의 뒤를 따르며 시작되었습니다. 싯다르타의 목표는 오로지 모든 것을 비우는 것 이었습니다. 갈등으로부터 벗어나고, 소원으로부터 벗어나고, 몸으로부터 벗어나고, 기쁨과 번뇌로부터 벗어나 자기를 비우는 일 이었습니다.

고빈다, 자네 생각은 어떤가?
탁발하러 다니던 어느날 싯다르타가 말하였다.
자네는 우리가 많이 진전하였다고 생각하나?
우리가 목표에 도달하였다고 보나?

싯다르타는 고빈다와 더불어 경문을 읽고, 먹을걸 구하러 탁발을 나니고, 숲에서 수행을 하였고, 수 없이 물어보고 답을 구했습니다. 많은 사문들 가운데 가장 나이가 많은 이로부터 수행의 가르침을 받았습니다. 그렇지만 무엇인가 부족하고 아쉬웠습니다. 이것이 싯다르타가 배움에 대한 첫 번째 의문이었습니다. 남에게 배워서 진리가 구해질까요?

•깨달음의 길 : 돈황 막고굴 벽화 동방의 미소, 경주 석굴암 본존불, 철원 도피안사 철불

그런데 말이야, 고빈다. 우리가 올바른 길을 걷고는 있는 것일까? 우리가 도대체 인식에 접근하고는 있는 것일까?
우리가 도대체 해탈의 경지에 접근하고는 있는 것일까?
아니면, 우리가, 혹시 윤회의 수레바퀴를 벗어나지 못한채 그 안에서 병들고 있는 것은 아닐까?

4. 진리는 배움으로 가능한가요?

싯다르타의 생각은 오로지 하나였습니다. 아무리 타인의 경지가 높고 학식이 뛰어나고 수행의 시간과 깊이가 있다고 해도 그들이 깨달은 경지와 가르침은 결코 나의 것이 아닌, 나를 깨닫게 해주지 않는다는 것, 나를 대신할 수 없다는 그것, 진리의 증명은 오로지 자신만이 주체일 수 밖에 없다는 그것입니다. 고빈다는 그런 싯다르타가 안타깝고 위험해 보입니다.

싯다르타, 그런 끔찍한 말들은 제발 그만해! 그 많은 학식높은 사람들 가운데, 그 많은 바라문들 가운데, 그 많은 엄격하고 존경할 만한 사문들 가운데, 그 많은 구도자들 가운데, 그 많은 진정으로 전심전력하는 사람들 가운데, 그 많은 성스러운 사람들 가운데 아무도 길 중의 길을 발견하지 못한다는 것이 도대체 말이나 될 법한가?

어디선가 깨달음을 얻었다는 고타마의 이야기가 들려옵니다. 많은 사람들이 그의 가르침을 배우러 길을 떠납니다. 싯다르타는 고타마가 설법을 하는 그곳으로 떠나기로 결심합니다. 사문의 최연장자는 싯다르타와 고빈다가 떠난다고 하자, 분통을 터뜨리고, 소리를 지르고, 험한 욕을 내뱉었습니다. 두 사람은 고타마를 찾아 떠납니다.

•부다가야 : 석가모니가 깨달은 곳. 고행의 모습

거룩한 세존이라 불리우는 고타마는 수많은 대중앞에서 4성제를 가르치고, 8정도를 설명하고 있었습니다. 얼마후 고빈다는 공손하고 떨리는 마음으로 고타마의 제자가 되었습니다. 고빈다에게 배워온 어떤 구도의 방법보다 좋은게 없었습니다. 그러나 싯다르타는 고타마의 곁을 떠나기로 합니다.

어느 누구에게도 해탈은 가르침을 통하여 주어지는 것이 아니다. 바로 이것이 저의 생각입니다. 세존이시여, 당신은, 당신이 깨달은 시간에 무슨 일이 일어났는가를, 아무에게도 말이나 가르침으로 전달하여 주실 수도, 말하여 주실 수도 없습니다.

5. 중도의 길, 현실에서 배운 가르침

헤르만 헤세는 〈싯다르타〉에서 중도의 길을 제시합니다. 깨달음의 실체는 쾌락과 금욕, 현실과 출가, 친구와 자신이라는 대립적이며 의존적인 양면을 이해하고 그곳에 휩쓸리지 않는 것, 그것이 앞으로 싯다르타가 겪는 일이고 얻는 진리의 실체를 말해 줍니다.

그 부처가 나한테서 무엇인가를 빼앗아갔어. 싯다르타는 생각하였다. 그분은 나한테서 무엇인가를 빼앗아 갔지만 빼앗아간 것 이상을 나한테 선사해 주셨어. 그분은 나한테서 친구를 빼앗아갔다. 그 친구는 예전에는 나를 믿었지만 지금은 그 분을 믿으며, 예전에는 나의 그림자였지만 지금은 고타마의 그림자가 되어버렸다. 하지만 그 분은 나에게 싯다르타를, 나 자신을 선사해 주셨다.

•중도의 길 : 석가모니와 헤세의 〈싯다르타〉. 그리고 신라승 원효

싯다르타는 현실의 세계로 나옵니다. 길에서 우연히 마주친 아름답고 교태스러운 카마라를 찾아갑니다. 그녀를 만나기 위해 현실적인 재부(財富)를 만들었습니다. 싯다르타는 사색과 절제와 기다림이 무기이고 힘이었습니다. 상인인 카마스와마를 만나 원하는 재물과 행복과 지위와 존경의 욕망을 실현합니다. 그리고 카마라와 사랑도 하게 됩니다.

수많은 욕망의 것들, 쾌락, 행복, 이익, 사랑, 명예가 영원하지 않았습니다. 카마라도 늙음을 걱정하고, 재물이 산처럼 쌓인 카마스와마도 이익의 포로였습니다. 모든 행복은 상대적이고 절대적인 쾌락은 결코 없다는 깨달음을 얻은 싯다르타는 그곳을 떠납니다. 싯다르타가 떠나자 카마라도 새장의 새를 풀어 허공에 날리고, 새로운 인생의 길을 찾아 나섭니다. 그때 그녀는 싯다르타의 아이를 가졌다는걸 알게 됩니다.

6. 강물은 어떤 상징인가요?

싯다르타는 우연히도 다시 고빈다를 만났습니다. 강에 지쳐 쓰러져 있을 때 만나게 됩니다. 학구파이고 모범생인 고빈다는 고타마의 사문에서 열심히 깨달음을 얻고자 노력하였습니다. 그의 눈에 완전히 거지같은 모습의 싯다르타가 안타깝기 그지 없었습니다. 싯다르타의 고행은 부질없는 시간낭비이고 안타까운 결과로 이어질 것이라 생각합니다.

 자네가 순례하고 있다고? 고빈다가 말하였다.
 하지만 그런 복장을 하고, 그런 신발을 신고, 그런 머리카락을 하고 순례하는 순례자는 거의 없어. 벌써 오랫동안 순례 생활을 하고 있지만 아직 그런 행색으로 순례하는 사람은 본적이 없다구.

그런 고빈다를 떠나 보낸 싯다르타는 예와 다름없이 뱃사공으로 일합니다. 싯다르타를 고용한 뱃사공 바주데바는 배운 것이 없어도 현자(賢者)의 모습입니다. 그에게서 싯다르타는 강물이 주는 진리의 상징을 읽었습니다. 흔들리지 않는 자아실현의 지향은 파도와 같은 현실과 아집과 미망(迷妄)같은 불신의 감정으로부터 숱한 방해와 좌절과 시행착오를 받습니다. 강물의 파도는 그것을 말합니다.

그 강은 모든 것을 알고 있어서 우리는 강으로부터 모든 것을 배울 수 있어요.

강물에 비친 자신의 모습을 볼 때마다 초점이 흐리고 흔들리는 내일을 보게 됩니다. 그런데 수많은 시간이 담긴 강물이지만, 강물은 여전히 쉬지 않은채 흘러갑니다. 시간속에 만든 모든 것들이 허상임을 느낍니다.

당신도 그 비밀, 그러니까 시간이란 존재하지 않는다는 그 비밀을 강물로부터 배웠습니까?

그렇다면 시간이 만든 숱한 현상들이 덧없다는 것을 깨우친 싯다르타는 어떻게 변치 않는 구도의 마음을 지켜내고 파도치는 이 강을 건너 다른 세계인

• 철원 도피안사 : 강물의 저편 언덕. 진리에 이르는 땅 '피안의 세계'

저쪽의 언덕으로 갈 수 있을까요?

7. 사물의 양면성을 어떻게 극복할 수 있을까요?

어느 시간이 흐르고 한 영겁의 위대한 완성자인 세존 고타마가 열반에 든다는 소식이 퍼졌습니다. 수많은 순례자들이 고타마를 찾아 길을 떠납니다. 사랑했던 카마라도 아들과 함께 배를 타러 오다가 뱀에 물려 죽음에 이릅니다.

아들을 맡게 되는 싯다르타는 행복했습니다. 그러나 아들은 뱃사공의 일이 싫었고, 아버지의 삶의 방식이 맞지 않았습니다. 그리고 어느날 몰래 아버지의 품을 떠나 자신이 안락을 누리며 살던 도시로 도망쳤습니다. 싯다르타는 속썩이는 아들에게서 행복과 고통을 동시에 느꼈으며, 고뇌를 안겨준 아들이 떠나간 시원함과 그래도 그리움에 다시 보고 싶어 도시로 찾아가는 자신도 느꼈습니다.

......그의 자아가 그 단일성 안으로 흘러 들어가고 있었던 것이다. 이 순간 싯다르타는 운명과 싸우는 일을 그만 두었으며, 고민하는 일도 그만 두었다. 그의 얼굴 위에 깨달음의 즐거움이 꽃피었다.

그리고 싯다르타는 여진히 순례와 구도의 길을 떠나는 고빈다를 다시 만납니다. 고빈다는 싯다르타의 깨달음에 의심을 합니다. 그러나 몇마디 말을 나누고 나서는 어느 순간 고빈다는 싯다르타의 얼굴에서 우주를 만나고, 그곳에서 시간의 흐름이 단일성의 깨달음에 하나되어 있는 것을 발견합니다.

.... 싯다르타의 미소는 그에게 자신이 이제까지 살아오는 동안에 사랑했었던 그 모든 것, 자신이 이제까지 살아오는 동안 가치있고 신성하게 여겼던 그 모든 것을 떠오르게 해주었다. 그는 꼼짝않고 앉아있는 싯다르타에게 머리가 땅에 닿을 정도로 허리를 굽혀 절을 올렸다.

•독일 몬타뇰라에 위치한 헤세박물관

이제 대단원의 막을 내립니다. 소설속 싯다르타는 헤르만 헤세가 꿈꾼 자아실현의 인간상입니다. 당시에 유럽을 덮은 제국주의 전쟁과 자본의 탐욕, 구원을 약속한 신앙이 사라지고 개인 스스로가 실존을 추구해야 하는 20세기 유럽의 미친 사회에서 〈싯다르타〉는 기독교와 실존주의가 해결하지 못하는 일정한 부분에서 샘물과 빛이 되어 주었습니다. 유럽에서는 정말 생소한 현실속 싯다르타가 헤르만 헤세의 소설속에서 '부활하신 예수님'으로 재림한 것으로 보여집니다.

💠 **성찰과 사색의 몇가지 틈새**

1) 구도에 이르는 길은 배움인가요?
2) 강물은 진리의 어떤 면을 상징하나요?
3) 뱃사공은 싯다르타에게 어떤 존재인가요?
4) 싯다르타에게 자아실현은 무엇을 말하나요?

04 아무도 미워하지 않는 자의 죽음

잉게 숄(1917-1998)

전체주의와 개인의 자유

전체주의는 개인의 자유를 두려워한다. 전체의 통제가 무너지는 것은 개인들이 자기실존을 인지하고 자기의 운명을 자기가 결정할 때이기 때문이다. 독일의 많은 사람들, 양심을 지키려는 사람들은 나치정권이 갖는 허구성을 간파하였다. 전체주의는 이렇게 무너졌다.

 한 줄 키워드로 읽는 〈아무도 미워하지 않는 자의 죽음〉

전체주의, 양심, 자유, 저항, 생명적 인간, 역사적 인간

자유는 살아있다!

불현듯 저항이란 단어가 조피의 마음에 울려 퍼졌다.

너희는 역사속으로 들어가는 거란다. 거기에는 분명히 정의가 살아 있을 거야.

* 이 책에 인용한 구절의 출전은 '푸른나무' 출간본입니다.

04. 아무도 미워하지 않는 자의 죽음

자유는 살아있다!

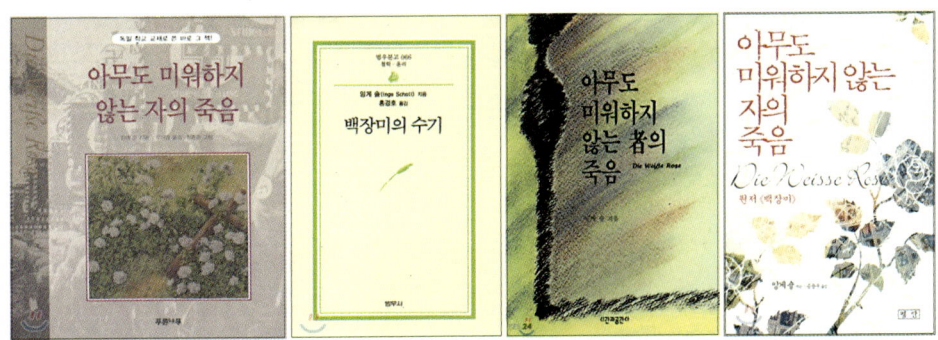

•국내 출간물 : 좌로부터 푸른나무, 범우사, 시간과공간사, 평단

    자유와 저항을 상징하는 문학작품으로 가장 대표적인 〈아무도 미워하지 않는 자의 죽음〉은 독일의 잉게 숄(잉에 숄, 1917-1998)이 남긴 기록입니다. 원래의 제목은 〈백장미〉이고, 잉게 숄은 독일의 히틀러 독재정권에 저항하다 1943년에 처형당한 한스 숄과 조피 숄의 누나이고 언니입니다.

    어떤 강력한 압박과 독재도 결코 정의롭고 자유로운 외침을 막을 수 없다는 저항정신이 작품의 곳곳에 드러나 있습니다. 독일의 정규 학교와 시민대학에서 중요한 교재로 쓰고 있다는 점에서 이 책이 갖는 무게감과 의미를 찾을 수 있을 것입니다.

1. 전체주의는 어떻게 자라는가요?

• 조피 숄(1921-1943)과 한스 숄(1918-1943)

　제1차 세계 대전(1914-1918)에서 패배한 독일은 전쟁의 폐허를 극복하는 과제와 배상금으로 고통스런 세월을 보내고 있었습니다. 전쟁을 일으킨 자들의 역사적 단죄는 쉽게 이루어질 수 있지만, 피폐한 민생의 문제는 하루 아침에 해결될 수가 없었습니다.

그렇군요. 바로, 히틀러 총통이 독일 모든 사람들에게 직장을 주겠다고 약속한 것처럼.

1930년대에 세계경제는 대공황(大恐慌)이라 부르는 재앙이 다시 닥쳤습니다. 독일 국민들은 개인의 고통을 국가가 해결할 수 있다는 달콤한 유혹에 빠지기 시작하였고, 그것이 히틀러의 독재정권을 탄생시킨 원인이었습니다.

조국은 위대하다. 하늘만큼이나 영광스럽다.

우리는 조국을 위해 살아야한다.

개인의 안녕과 생활을 위해 국가에 자신의 권리를 넘겨주고, 국가권력은 오히려 거대한 괴물이 되어 개인의 자유와 행복을 통제하기 시작했습니다. 자유로운 사상을 억압하고, 개인의 삶을 통제하고, 국가 전체를 위해 목숨을 거는 나치즘이 독일을 지배하였습니다. 역사에서는 이를 국가주의, 전체주의, 히틀러 독재라고 부릅니다.

너희들은 특별한 깃발을 만들어 가질 수는 없어. 모두 똑같이. 만들라는 대로 만들어야 해.

2. 전체주의가 두려워 하는것은 무엇일까요?

전체주의는 개인의 자유를 두려워 합니다. 전체의 통제가 무너지는 것은 개인들이 자기실존을 인지하고 자기의 운명을 자기가 결정할 때입니다. 독일의 많은 사람들, 양심을 지키려는 사람들은 나치정권이 갖는 허구성을 간파하였습니다.

히틀러를 믿지마라!

아무것도 모르는 너희들을 속이고 있어!

전체주의	민주주의
집단의 가치를 우선 파시즘, 나찌즘, 천황주의	개인의 자유를 중시 자유,평등,박애의 보편가치
전제주의	공화주의
한 명, 또는 한 집단의 권력독점과 행사	권력의 분산과 견제 입법, 사법, 행정의 3권분립

잉게 숄의 남동생인 한스 숄은 학교와 주변에서 벌어지는 여러 가지 통제와 획일적인 정책, 아버지의 말을 통해 전체주의가 갖는 거짓과 위선을 알았습니다. 한스 숄이 좋아하는 노래는 금지곡이 되었고, 한스 숄이 좋아하는 시집인 '사람이 별처럼 빛날 때'는 압수를 당했습니다.

그 애는 나치와 뜻을 함께 할 수 없다고 했지. 그런데 그게 바로 그 애가 저지른 죄라는구나.

학교에서 역사를 가르치는 선생님이 잡혀갔습니다. 정치범 수용소나 강제노동 수용소로 보내졌다는 소문이 들었습니다. 사람들은 의문을 갖기 시작합니다. '독일 사람들이 조국에 충성을 다한 댓가로 얻은 것은 무엇인가? 생기 넘치는 생활도 아니었고 행복도 아니라는' 의식이 싹트기 시작했습니다.

그것은 전쟁이란다. 함께 평화롭게 살던 사람들이 서로를 헐뜯고, 강한 사람이 약한 사람을 괴롭히는 전쟁. 개인의 인권과 행복, 자유를 빼앗는 전쟁말이야. 끔찍한 일이지.

• 영화 포스터 : 〈백장미〉와 〈조(소)피 숄의 마지막 날들〉

한스 숄과 조피 숄과 잉게 숄은 아버지와 대화를 하면서 허구의 벽을 넘어 진실의 문에 다가갈 수 있었습니다. 아버지는 말씀하셨습니다. '인간은 여물통만 가득 차면 만족하는 짐승이 아니란다 인간은 자유로운 의견과 신념을 가지고 있다' 라고 하였습니다.

결국 누군가가 이야기를 시작했구나.

1942년 봄에 한스 숄의 가족들은 주소가 적혀있지 않은 편지에서 나치를 고발하는 글을 발견하였습니다. 죄없는 자와 불구자, 치료가 불가능한 자는 병원에서 쫓겨나 죽음을 맞이한다는 내용이었습니다. 국가가 결국은 개인의 안녕과 행복을 지켜주지 않는다는 사실을 눈치챈 것입니다.

3. 백장미단이 꿈 꾼 세상은 어떤 모습인가요?

한스 숄은 뮌헨에서 대학을 다니며 진실을 추구하는 지하조직에 몸을 담고 활동하기 시작했습니다. 아버지가 들려준 '나는 너희들이 평생 자유롭고 정직하기를 바란다'고 하신 그 말이 가슴에 늘 울렸습니다. 그리고 조피 숄이 오빠의 학교에 다니면서 남매는 백장미단의 일원으로 저항을 시작합니다.

• 〈아무도 미워하지 않는 자의 죽음〉 : 영화속 장면들

불현듯 저항이란 단어가 조피의 마음에 울려 퍼졌다.

불의에 저항하는 신념과 용기를 잃은 사람들에게 저항이란 단어는 의미가 없습니다. 그러나 자유를 갈망하는 사람들에게 자유는 하느님의 사랑만큼이나 울림이 컸습니다.

...모든 독일 국민이 자기 자신이 아닌 다른 누군가가 시작하기를 기다린다면 그들의 만행은 멈추지 않을 것이다.

저항은 실존적 자유의지를 인식하는 사람들에게 나타납니다. 백장미단은 거대한 폭풍은 아니지만 독일 국민들에게 자유와 양심이 무엇인지, 나치의 독재와 만행이 무엇인지 알려주고 싶었습니다.

나치스는 독일 국민에게 퍼지는 치명적인 전염병이야!

4. 절망속에 피어나는 희망의 근거는 무엇인가요?

국가주의는 끊임없이 전체를 찬양하고, 국가를 옹호하고, 독재를 은폐하였으며, 국민들을 점차로 절망의 수렁으로 밀어넣고 있었습니다. 그리고 전체의 영광이 개인의 영광인 것처럼 선전과 선동을 하였습니다.

증오만이 우리의 기도이다.....우리는 계속 전진할 것이다.

많은 이들이 나치독재정권, 독일국가주의를 찬양하고 영광을 노래할 때에 아이들은 오히려 숨을 죽이고 저항을 하지 못하는 소시민들을 대신하여 거리 곳곳, 골목 곳곳에서 노래를 불렀습니다.

모든게 지나가리. 모든게 지나가리. 아돌프 히틀러도, 그리고 나치스도.

5. 생명적 인간에서 역사적 인간으로…!

아주 적은 저항이었지만 백장미단의 존재는 거대한 국가주의의 장벽을 무너뜨리고 있었습니다. 전체주의는 작은 틈에도 불안하여 광기의 폭력을 행사하였습니다.

백장미단의 존재가 발각되어 체포된 날이 1943년 2월 18일이었습니다. 그리고 나흘 뒤인 2월 22일에 사형을 집행했습니다.

한스 숄의 아버지는 한스 숄에게 말합니다.

너희는 역사속으로 들어가는 거란다. 거기에는 분명히 정의가 살아 있을거야.

한스 숄은 감옥의 벽에 최후의 인사를 나누었습니다. 오늘이 마지막이란 것을 직감적으로 알았기 때문입니다. 흰 벽에는 다음의 글이 남아 있었습니다.

모든 폭력을 이겨내고 살아 남아라!

• 영화속 장면들 : 처형대로 향하는 조(소)피 숄

조피 숄은 기소장을 받고 담담하게 현실을 받아 들였습니다. '정말 멋지고 화창한 날이구나! 그런데 나는 가야만 하지. 얼마나 많은 사람들이 오늘 죽어야 하는 걸까. 얼마나 많은 젊고 창창한 목숨들이....' 라는 말을 내뱉었습니다. 기소장만이 남은 감옥의 벽에는 '자유' 라는 단어가 적혀 있었습니다.

수천 명의 독일 사람들을 일깨울 수 있다면, 내 죽음은 헛되지 않을 텐데...

6. 자유는 살아있다의 외침이 갖는 의미

나는 죽는다는 것이 이렇게 쉬울 줄은 미처 몰랐어!

한스 숄과 조피 숄은 자유를 위해 목숨을 버렸습니다. 죽음에 대한 두려움은 없었습니다. 그들은 서로에게 다짐을 하였습니다. 함께 죽음을 맞이한 모든 사람들도 같은 생각이었을 것입니다.

몇분 후 천국에서 만나자!
자유는 살아있다!

한스 숄은 처형대에서 이렇게 외쳤다고 합니다. '자유는 살아있다'고. 영국의 북부 스코틀랜드 독립을 다룬 영화 〈브레이브 허트〉에서도 주인공으로 분장한 멜 깁슨이 처형당하는 최후의 순간에 '자유'라고 외치는 장면이 떠올려집니다.

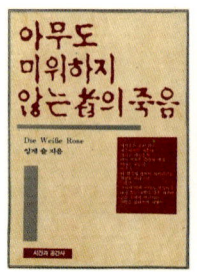

• 국내 초기 간행물과 한스 숄, 조피 숄 두 남매의 무덤

> 그들은 단순하고 소박한 것을 위해 싸웠다는 것을...., 인간의 권리를 위해, 그리고 자유를 위해 싸웠다는 것을...., 그들은 결코 엄청난 목표를 추구한 것이 아니었다는 것을.....

백장미단은 원대한 목표를 갖고 움직인 조직도 아니며, 혁명을 위해 목숨을 건 사람들도 아니었습니다. 그들은 자유, 인권, 행복을 외치고 싶었던 것입니다.

우리는 전쟁이나 증오가 아닌 평화와 공존과 인간존중의 세상에 살고 싶다는 것을. 전체주의는 그런 작은 것 조차 용납하지 못하는 광기와 폭력의 대명사였던 것입니다.

🔹 **성찰과 사색의 몇가지 틈새**

1) 독재권력은 누가 만들었나요?
2) 인간에게 자유는 왜 소중한가요?
3) 전체주의는 왜 인간성을 죽이나요?
4) 역사적 인간은 누구를 말하는가요?

05 젊은 베르테르의 슬픔

괴테(1749-1832)

이성과 감성

젊은 베르테르의 슬픔은 18세기말-19세기초의 도덕적 관습과 종교적 윤리, 이성적 사유가 지배하던 사회적 분위기에 격렬하게 저항하는 시대상을 그리고 있다. 이 작품은 슬픔, 사랑, 열정, 분노, 비극 등 감정이 거세게 물결치는 시기를 살고자 꿈꾸었던 수많은 당대의 젊은이들이 겪고 있던 감성의 억압, 사랑의 좌절을 그렸고, 끝내는 그들이 세상을 바꾸었다.

 한 줄 키워드로 읽는 〈젊은 베르테르의 슬픔〉

이성, 감성, 관습, 사랑, 열정, 도덕, 도덕률

우리는 정말 얼마나 어린애 같은가! 단 한번이라도 눈길을 보내주기를 이렇게 애타게 바라고 있다니.

아아, 그것이 마치 둘로 갈라놓는 장벽처럼 내 마음을 가로막고 있다. 그 행복, 그것을 얻을 수만 있다면, 몸을 파멸시켜서 속죄해도 좋다. 이것을 과연 죄라고 할 수 있을까?

죽음은 언제나 그의 마지막 기대이자 희망이었습니다.

* 이 책에 인용한 구절의 출전은 '민음사' 출간본입니다.

05. 젊은 베르테르의 슬픔

인간을 행복하게 만드는 것이,
동시에 불행의 원천이 될 수 있다는 사실은
과연 변할 수 없는 것일까?

• 국내 출간물 : 좌로부터 민음사, 문학동네, 서해문집, 너클래식

독일의 극작가이자 정치가이고, 자연연구가이며 과학자이고, 세계문학 사상의 최대 걸작이라 평가받는 〈파우스트(1831)〉의 작가인 요한 괴테(Johann Wolfgang von Goethe, 1749-1832)가 1774년에 세상에 내놓은 초기 작품입니다.

이 작품은 당시의 도덕적 관습과 종교적 윤리, 이성적 사유가 지배하던 사회적 분위기에서 슬픔, 사랑, 열정, 분노, 비극 등 감정이 거세게 물결치는 시기를 살고자 꿈꾼 수많은 당대의 젊은이들이 겪고 있던 감성의 억압, 사랑의 좌절을 그렸다는 점에서 시대적인 관심과 감정이입과 폭발성을 미루어 짐작할 수 있습니다.

1. 이성과 감성이 충돌하는 사회를 만나다

•저자 : 괴테(1749-1832)

이루어질 수 없는 비극적 사랑의 형상과 더불어 자의식이 아주 충만한 질풍노도의 감성을 지닌 반항아적 베르테르에게 이성주의와 계몽주의적 사회현실은 너무나도 고통스런 장벽이었습니다.

사랑의 출발	장벽의 만남	이성과 감성	갈등과 좌절	이별과 죽음
사랑의 감정	신분과 관습	사회적 도덕률	불륜과 윤리	사랑의 승화

낭만적이고 감성적인 정서와 행동을 옹호하는 자유는 사회적 장벽에 좌절하고, 분노하고, 대항하고, 무너지고, 다시 도전하고, 포기하는 시대적 한계, 시간적 미완성의 시대에 베르테르도 여늬 젊은이들과 마찬가지로 아름답고 고상하지만 이루어질 수 없는 사랑에 빠집니다.

아아, 이렇게 벅차고, 이다지도 뜨겁게 마음속으로 달아오르는 감정을 재현할 수 있을까? 그리고 그대의 영혼이 무한한 신의 거울인 것처럼, 종이를 그대 영혼의 거울을 삼을 수 있을까?(1771. 5. 10)

•괴테의 고향 : 프랑크푸르트와 그의 동상

괴테의 〈젊은 베르테르의 슬픔〉은 편지글의 형태로 순간순간 감정과 하고 싶은 얘기를 전하고 있습니다. 그래서 더욱 당시대 청년들의 마음을 빼앗았는지도 모릅니다. 현실에서 이 편지글을 인용하여 연인에게 마음을 표현한 젊은이들의 싱그럽고 찬란한 봄날의 진달래보다, 개나리꽃보다 향기롭고 청초한 '감정의 개화(開花)'를 그려봅니다.

> 그녀는 그토록 총명하면서도, 그토록 순진하고, 그렇게 꿋꿋하면서도, 그같이 마음이 곱고, 착하고 친절할 뿐 아니라, 정말로 발랄하고, 활동적이면서도, 침착한 마음의 여유를 지니고 있다.(1771. 6. 16)

2. 모든 사랑은 왜 시와 노래가 될까요?

사랑에 빠지면 모든 사람들은 시인이 되고, 가수가 됩니다. 왜냐구요? 그것은 시와 노래는 감정을 실어 나를 수 있는 마법의 양탄자이기 때문입니다. 베르테르는 약혼자가 있는 로테에게 빠져들기 시작합니다.

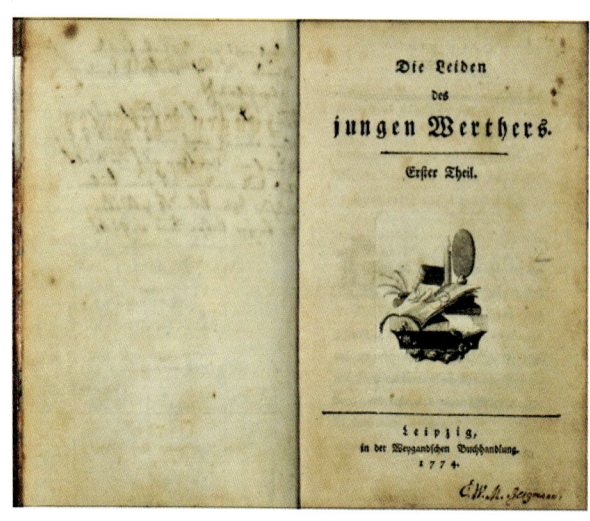

• 〈젊은 베르테르의 슬픔〉, 초간본

이런 이야기를 그녀가 하는 동안 나는 그녀의 새까만 눈동자를 얼마나 황홀하게 쳐다볼 수 있었는지 모른다. 그 싱싱한 입술, 생기가 감도는 그 귀여운 두 볼이 내 마음을 온통 사로잡고 만 것이다.(1771. 6. 16)

6월 16일의 편지글은 〈젊은 베르테르의 슬픔〉에 나오는 어떤 편지글보다 길고, 감정의 고저와 변화가 아주 격심하게 드러나 있으며, 이것이 순수하고 아름다운 사랑의 모습일 수 있습니다.

고귀한 시인이여! 이 눈초리 속에 깃들인 당신에 대한 존경심을 당신에게 보이고 싶습니다. 나는 이제 당신의 이름이 로테 이외의 다른 사람의 입에 오르내리며 더럽혀지는 것을 원하지 않습니다.(1771. 6. 16)

그래서 나는 헤어질때, 그날 중으로 다시 만나달라고 간청했다. 그 순간에 태양과 달과 별들이 조용히 계속해서 돌고는 있었겠지만, 나는 그때가 낮인지 밤인지를 가릴 수 있었다. 온 세계가 내 주위에서 사라져 버렸던 것이다.(1771. 6. 19)

3. 청춘에게 사랑이 유일한 것인가요?

로테에 대한 베르테르의 사랑은 진실하고 간절하며 예의가 넘쳤습니다. 그것은 당시의 도덕률이 적어도 감정을 억제하는 사회적 관습이나 신에 대한 두려움보다 앞서 있었을 것입니다.

우리는 정말 얼마나 어린애 같은가!
단 한번이라도 눈길을 보내주기를
이렇게 애타게 바라고 있다니.(1771. 7. 8)

로테를 좋아하면서
모든 감각과 감정이
그녀로 가득차고
넘쳐 흐르지 않는 사람이
이 세상에 존재할 수 있을까?(1771. 7. 10)

　로테의 손마디, 옷자락이 스쳐도 감정의 소용돌이에 휩싸이는 베르테르는 로테가 자신의 약혼자에 대해 뜨거운 정열과 애정 쏟아가며 이야기 할 때면, 질투가 일어나고, 분노가 생겨나고, 다시 그걸 억제하려는 갈등으로 괴로워 하였습니다.

내가 감히 이 천국과 같은 그녀를,
이 신뢰를!
자네는 내 마음을 알아줄 거야!
아니, 내 마음이 그렇게까지 타락하지는 않았다!(1771. 7. 16)

•국내, 국외에 출간된 괴테의 여러 저작물

　로테는 베르테르에게 신성한 존재였습니다. 이제는 사랑의 확인보다도 그녀를 만나는 것이 즐거울 뿐입니다. 그리고 얼마후 꿈에도 생각하고 싶지않은, 현실에서는 제발 일어나지 않기를 바라는, 그러나 현실에서는 당연히 있는, 바로 그녀의 약혼자인 알베르트가 왔습니다.

  괴로움이 남기고 간 것을 맛보아라. 고통도 지나고 나면 달콤한 것이다.(괴테)

  8월 12일의 편지글을 보면, 로테에 대한 희망과 좌절이 베르테르로 하여금 죽음의 충동을 불러 일으킵니다. 베르테르는 절도가 죄악이란걸 알지만 가족이 눈앞에 굶으면 그들을 구출하기 위해 도둑질이라도 해야하는 것이 아닌가 스스로 변론해 보기도 합니다. 갈등이 고조되고 있는 것입니다.

4. 감정과 이성의 격렬한 대립

  베르테르는 부도덕한 사랑의 소유자가 아닙니다. 그는 아이들과 친했고, 하층민들을 동정하고, 이웃과 더불어 지내려고 노력한 사람이었습니다. 아이들의 순수한 심성은 자연적 감성의 표현이고 거짓이나 꾸밈이 없는 감성을 상징합니다. 베르테르는 아이의 심성을 지닌 젊은이였습니다.

  인간을 행복하게 만드는 것이, 동시에 불행의 원천이 될 수 있다는 사실은 과연 변할 수 없는 것일까?(1771. 8. 18)

  베르테르는 로테를 자신의 인생에서 삶에 활력을 일으키는 효모라고 하였습니다. 그녀의 마음속에 두 번째 자리라도 차지하고 싶은 마음이 꿀뚝 같았지만 결국 이룰 수 없는 관계는 베르테르를 절망에 빠뜨리고, 삶을 공허하게 만들고, 허무하게 이르고, 감정과 이성의 격렬한 대립으로 이끌었습니다. 지난 8

월 18일의 편지글은 예정된 수순을 표현한 것이지요.

> 아아, 그것이 마치 둘로 갈라놓는 장벽처럼 내 마음을 가로막고 있다. 그 행복, 그것을 얻을 수만 있다면, 몸을 파멸시켜서 속죄해도 좋다. 이것을 과연 죄라고 할 수 있을까?(1772. 11. 24)

베르테르는 스스로 도덕적이기를 기도하며 감정을 다스리지만, 욕망의 파도는 어김없이 감정의 바닥에서 솟구칩니다. 그녀의 사랑을 얻는다면 파멸로 가더라도, 속죄라도 해서 얻는다면 이것이 과연 죄라고 할 수 있을까 반문합니다.

*괴테를 추모하는 여러종의 기념 우표

5. 이루어질 수 없는 사랑의 끝은 어딜까요?

두 사람의 감정은 진실이고 순수하였지만 사회적 도덕률은 만남 조차도 용납할 수가 없었습니다. 사회적 관습과 도덕을 넘어 오로지 사랑만을 생각하는 베르테르는 없습니다. 그만큼 관습의 벽이 높았습니다.

로테도 약혼자의 헌신과 사랑을 부정하지는 않지만, 내면에서 솟구치는 베르테르에 대한 진심을 억누를 수 없었습니다. 베르테르를 자기 곁에 머무르게 하고 싶은 것이 자기 마음속의 은근한 소원임을 지금 처음으로 깊이 느꼈던 것입니다. 그러나 그녀는 결국에 베르테르를 떠나 보내야 했습니다.

당신을 딱하게 여기며 동정하는 것 밖에는 별도리가 없는 저 같은 여자를 향한 그 슬픈 애착심을 다른 곳으로 돌려주세요.(1772. 12. 20)

이루어 질 수 없는 사랑, 〈젊은 베르테르의 슬픔〉에서는 사회적 제약을 극복하지 못한 비극적 사랑의 예화를 두 개 들고 있습니다. 한 명은 이룰수 없는 사랑을 극복하지 못하여 미친 남자이고, 한 명은 주인여자를 사랑했다가 이룰 수 없는 사랑에 그녀를 죽인 머슴이었습니다. 바로 베르테르의 상징적 비유입니다.

행복하고 불행한 그 남자는 로테의 아버지 밑에서 서기로 있었다. 그는 남몰래 로테를 사모하다가 마침내 사랑을 고백했고, 그때문에 파면당했다는 것이다. 그리고 끝내는 미쳐버렸다.

그 자는 바로 그 미망인을 일편단심으로 사랑했던 머슴이었습니다. 얼마전에도 남모르게 분노와 절망을 품고 헤매던 그를 베르테르는 만난적이 있었습니다.

12월 1일의 편지에서 베르테르는 머슴을 변호하며, 현실의 장벽, 사회적 도덕률을 깨려는 몸부림을 치지만 역부족이었습니다. 그래서 결국은 죽음을 선택하게 됩니다.

죽음은 언제나 그의 마지막 기대이자 희망이었습니다.(1772. 12. 14)

이것이 마지막에요.

로테의 이별선언은 결국 베르테르에게 남겨진 마지막 선택을 요구합니다. 베르테르는 로테의 남편에게 권총을 빌려 그것으로 죽음을 선택합니다. 그리고 스스로 말합니다. 이 권총은 로테가 준 것이고, 그래서 나는 당신의 손에 죽은 것이 됩니다.

로테! 당신이 내게 무기를 내 주었습니다.
나는 당신 손에서 죽음을 받기가 소원이었는데,
아아, 이제 이렇게 받게 되었습니다.

베르테르는 도덕적인 우월성을 지닌 사람이었습니다. 사회적 관습과 제약의 벽을 넘지 못하였지만 미치지도 않았고, 사랑하는 상대를 죽여 영원히 차지하려는 독단도 없었습니다. 그의 자살은 사회에 대한 저항의 목소리를 말합니다. 과거의 장벽에 대한 파괴입니다. 이런 면에서 자살을 죽음이란 비극적 요소로 파악하지 않아야 할 것입니다.

  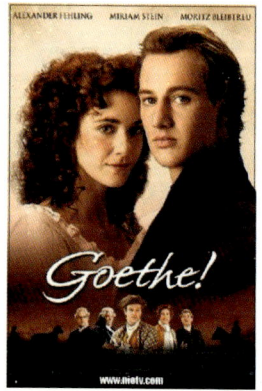

• 뮤지컬과 영화 포스터 : 〈젊은 베르테르의 슬픔〉과 〈괴테〉

6. 베르테르를 위한 변명

독일 시민계급의 도덕성을 지닌 괴테는 〈젊은 베르테르의 슬픔〉에서 자살로 감성을 지켜야 하는 사회적 관습에 대해 통렬하게 비판하고 있습니다.

• 청춘과 사랑 : 춘향전 책표지와 영화 포스터

청춘은 열정이고 기존의 관습이나 시각으로부터 자유로워지고 싶어하는 시기를 표현합니다. 이루어질 수 없는 사랑을 그린 우리의 고전 〈춘향전〉은 극적인 반전을 통해 아름다운 결실로 막을 내리고, 〈젊은 베르테르의 슬픔〉은 비극적인 자살로 끝을 맺습니다. 동시대적인 문제의식에서 전혀 다른 결말을 통해 우리는 춘향진이 갖는 긍정성의 이면에 숨은 함정을 찾아야 합니다.

그것은 춘향의 정절과 약속을 해방시키는 주체는 이몽룡이지 주변의 사회환경이 아닙니다. 베르테르는 죽음으로 사랑을 지켜내는 비극적 감성의 주인공이지만 서유럽의 시민계급은 스스로의 힘으로 신분의 장벽을 무너뜨렸습니다. 이 차이가 두 세계를 전혀 다른 방향으로 이끌었다고 봅니다.

여기서 우리는 인문적 성찰이 필요합니다. 소설속 〈춘향전〉의 주인공 성춘향과 이몽룡의 아름답고, 애틋하며, 극적인 사랑의 승리에 취하면, 정작 조선의 현실에서는 청춘 남녀의 자연스런 사랑도 용인되지 않았던 시대의 한계를 잊게 됩니다. 이런 면에서 〈춘향전〉과 〈젊은 베르테르의 슬픔〉을 인문적, 역사적 관점으로 다시 해석해서 보는 시각의 전환이 필요한 것입니다.

● 성찰과 사색의 몇가지 틈새

1) 사랑의 열정은 왜 연인을 시인으로 만들까요?
2) 모든 사람의 사랑은 용인되고 선(善)이 되나요?
3) 베르테르의 자살은 어떤 상징성을 갖나요?
4) 비극적 사랑이 늘 사회적 실패라 볼 수 있나요?

06 원미동 사람들

양귀자(1955-현재)

개발과 유토피아

원미동(遠美洞)은 경기도 부천시 원미구이다. 그 땅이름은 '먼 곳에 있는 아름다운 동네'라는 뜻이다. '아름답다'에서 우리는 전원같은 풍경과 고향의 냄새와 추억이 그려지지만, 먼 곳이라는 수식어에서는 오히려 '가까이에 있는 아름다운 동네'에서 멀어진 곳이라는 느낌을 받는다. 그래도 원미동은 유토피아에서 먼 곳이지만 다른 측면에서는 가능성을 지녔다는 양면성도 있다.

 한 줄 키워드로 읽는 〈원미동 사람들〉

개발, 변두리, 멀고 아름다운 동네, 토박이, 평상, 한계령

집이 없으면 희망도 없다는 사실이었다.

희망이란, 특히 서울에서 살고있는 이들에게 희망이란 집과 같은 뜻이었다.

내가 이래 살아도 권씨 문중의 종손이라 제사가 사흘거리로 돌아오는 몸이라오.

* 이 책에 인용한 구절의 출전은 '살림출판사' 출간본입니다.

06. 원미동 사람들

집이 없으면 희망도 없다는 사실이었다. 희망이란,
특히 서울에서 살고있는 이들에게 희망이란 집과 같은 뜻이었다.

• 국내 출간물 : 좌로부터 살림출판사, 문학과 지성사, 북스토리, 쓰다

    양귀자의 〈원미동 사람들〉은 1987년에 11개의 연작소설을 묶어 한 권의 단행본으로 세상에 나와 커다란 사회적 반향을 불러 일으켰습니다. 1980년대 우리 사회의 압축적 성장에서 나타나는 수많은 모순과 공동체의 파괴, 개발과 욕망에 대한 고발과 비판적 성찰이 담겨져 있기 때문입니다.

    한국사회의 개발열풍, 독재, 자본의 욕망 등 구조적 모순에 밀려난 소시민들

• 저자 : 양귀자(1955-현재)

의 삶과 고통을 서울 변두리 지역의 부천시 원미동이란 시공간을 통해 보여주고 있습니다. 그리고 이것이 흘러간 70-80년대 우리 사회의 모습이라 할지라도, 여전히 그때의 퇴행적 도덕성이 제대로 청산되지 않은채 오늘에까지 이어진다는 측면에서 아직까지 유효한 인문적 성찰의 반면교사라 하겠습니다.

1. 원미동의 반어적 상징성은 무엇인가요?

원미동(遠美洞)은 오늘날 경기도 부천시 원미구를 말합니다. 그 땅이름의 뜻은 '먼 곳에 있는 아름다운 동네' 라는 뜻입니다. '아름답다' 에서 우리는 전원 같은 풍경과 고향의 냄새와 추억을 그릴 수 있을지 모르지만 먼 곳이라는 수식어에서 '가까이에 있는 아름다운 동네' 에서 멀어진 곳이라는 느낌을 받습니다.

1970년대에서 80년대에 농촌이 해체되고 사회적 자본이 형성되는 시기에 많은 이들이 꿈과 희망을 찾아 서울로 옵니다. 그들에게 아름다운 동네는 변두리라도 서울인 것입니다. 그런데 그곳에서도 정착하지 못하고 서울의 변두리에서 더 먼 변두리로 떠나는 사람들이 수도권이란 이름으로 정착하며 마을을 이루는데 원미동도 그 중에 하나입니다.

이곳에 사는 사람들은 여러 부류가 있습니다. 하루하루 물건을 팔아 먹고 사는 세일즈맨과 비오는 날에는 일을 공치고 떼인 돈을 받으러 나가는 일용직 노동자, 사회로부터 버림받은 부적응자, 그리고 원래부터 원미동에 살았던 토박이들입니다.

원미동 사람들의 연작소설 주제와 내용		
멀고 아름다운 동네	왜 이사를 가야할까	이사
불씨	세일즈맨과 고향떠난 이들	세일즈맨
마지막 땅	강부자의 땅에 대한 집착	토박이
원미동 시인	진실을 숨기고 사는 사람들과 시인	진실
한 마리의 나그네 쥐	현실에 적응하지 못한 사내의 도피	부적응
비오는 날이면 가리봉동에 가야한다	떼어먹은 돈 받으러 가리봉동에 가다	일용직
방울새	정의를 위해 감옥에 갇힌 이	정의
찻집 여자	비루한 삶속에 순정은 있다	순정
일용할 양식	제 살 깎기의 동네가게 내전	구멍가게
지하 생활자	변두리 지하 단칸방 세입자	지하단칸방
한계령	고향의 유일한 희망, 큰 오빠	고향

   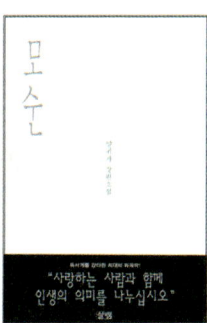

• 양귀자의 대표작들

연작소설은 이들의 삶과 의지와 일상을 엮어 원미동 사람들의 전체를 구성하고 있습니다. 떠나려는 사람, 정착하려는 사람, 자포자기 하는 사람들이 섞여 사는 곳이 이름만 아름다운 동네이며 유토피아에서 정말 먼 곳, 바로 원미동입니다.

2. 원미동은 유토피아가 될 수 있을까요?

원미동에 사는 사람들은 대부분이 아픈 사람들입니다. 저마다 아름다운 동네에서 행복한 삶을 꿈꾸었지만 개발과 자본의 광풍에 지치거나 독재에 신음하며 사는 소시민들입니다.

•작품의 무대 : 부천시 원미구 원미동의 옛모습과 현모습(사진출처 : 부천시)

〈원미동 시인〉에서는 진실을 숨기고 살아야 하는 사람이 나오고, 〈한 마리의 나그네 쥐〉에서는 현실에 적응하지 못한 사람의 소외된 삶을 담고 있습니다. 하루 하루 벌어서 먹기 힘든 일용직, 현실에 적응하지 못하는 이들도 수두룩합니다.

그래도 꿈을 포기하기에는 아직 억울한 소시민들입니다. 언젠가 서울로 돌아가는 야무진 다짐도 잊지 않습니다. 서울에서 원미동으로 쫓겨난 은혜도 그 중의 한 명입니다. 연작소설의 하나로 들어가 있는〈비 오는 날이면 가리봉동에 가야 한다〉에 보면 원미동에 정착하였지만 언제나 서울 입성을 꿈꾸는 은혜의 꿈과 넋두리가 나옵니다.

하기야 언제까지 원미동 구석에 처박혀 살겠느냐고 벌써부터 서울 집값을 수소문 하면서 아라비아 숫자들을 나열해 보곤 하던 아내였으니까....

서울에서 밀려난 은혜는 언젠가는 다시 서울로 입성하는 꿈을 그려갑니다. 이곳이 아무리 아름다운 동네라 할지라도 그녀에게는 서울에서 멀어진 유토피아에 불과합니다. 그녀는 악착같이 돈을 모읍니다. 그런데 모으는 속도보다 집값이 더 빠르게 올라갑니다. 꿈은 왜 그녀에게서 이다지도 멀리 있는 것일까요?

3. 이룰 수 없는 꿈의 기대감

원미동을 새로운 유토피아로 가꾸지 못하는 사람들은 떠나려는 마음과 정착해야 하는 마음이 공존하고 있습니다. 제2의 고향이라고 정을 붙이고 살면서 마을의 공동체를 살리는 일이 그렇게 쉽지는 않습니다. 서울이 눈 앞에 어른거리고, 변두리의 삶은 빨리 벗어던지고 싶은, 기억하고 싶지 않은 이력서이기 때문입니다.

그래서 사람들은 자신의 간판에 서울미용실이라 붙입니다. 원미동에 살지만 나는 언젠가 서울로 가고 싶다는, 아니면 그래도 나는 서울사람이라는 정신적 위안의 표현일 것입니다. 한강 인삼찻집, 강남부동산과 같이 서울의 상호를 그대로 옮겨 놓았습니다. 그렇지 않으면 행복사신관, 써니진자입니다. 행복하고 싶은, 외국에서 건너온 제품이라는 허구적 위안의 하나입니다.

똑같은 땅이면서 옛날의 땅과 지금의 땅은 결코 같은 땅이 아니었다. 영감이 아무리 애통해 한다 한들 농사만 지었다면 아들 딸 밑에 그렇게 쏟아 붓고도 여태 이만큼이나 살 수 있었을 것인가?

그렇다고 토박이 강노인이 행복한 것은 아닙니다. 고향을 떠난 자식들은 땅과 돈에 대한 욕심만 있고, 이 땅을 터전 삼아 살아온 강노인의 애착과 원초적 고향에 대한 그리움은 관심이 없습니다. 하루하루 다르게 변해가는 고향의 모습을 보면서 어린시절의 꿈은 가물가물 합니다. 토박이든, 외지인이든 모두가 개발과 이익에 병들어 가고 있는 것입니다.

• 여러 조형물로 작품을 재현한 〈원미동 사람들〉의 거리

4. 공동체의 희망은 어디에 있나요?

집이 없으면 희망도 없다는 사실이었다.
희망이란, 특히 서울에서 살고있는 이들에게 희망이란 집과 같은 뜻이었다.

개발시대의 열차에 동승하는 길은 오로지 땅과 집입니다. 양귀자의 연작소설 〈원미동 사람들〉의 저변에 흐르는 기조입니다. 이익에 몰두한 사회는 공동체에 대한 희망이 없습니다. 고향과 추억과 삶의 순환적 경험도 오로지 이익이 된다면 그대로 개발하고 파는 세상인 것입니다.

그래도 원미동에는 아직 따뜻한 희망이 있습니다. 〈마지막 땅〉에 보면 진만이가 다쳤습니다. 진만이네는 부모님이 오랜 실업자 생활로 가난했습니다. 치료비가 걱정인데 행복사진관의 임씨가 병원비에 보태라고 합니다. 아직도 이웃 간에 따뜻한 정이 남아 있습니다. 골목길도 살아 있습니다. 아이들의 놀이터가 되어 있는 골목길은 여전히 도시이든 변두리이든 살아 숨쉬는 공간입니다.

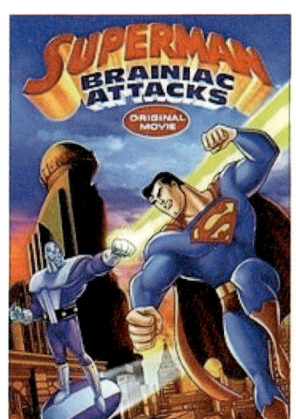 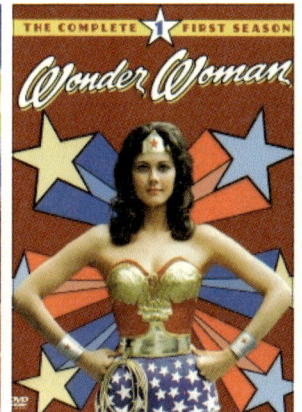 

• 아이들이 꿈꾸는 권선징악의 유토피아 : 슈퍼맨, 원더우먼, 베트맨

아이들은 슈퍼맨을 꿈꾸며, 망토를 걸치고 장독대에서 뛰어내리곤 합니다. 허망한 꿈일지라도 세상의 악당은 모두 혼내주겠다는 정의가 살아 있습니다.

동네의 잡다한 일을 도맡아 처리하는 김반장의 형제슈퍼에는 동네사람들의 이야기가 꽃피는 평상이 가게 앞에 놓여 있습니다. 시골마을의 느티나무 아래를 연상시킵니다.

평상은 고단한 일상을 잠시 놓고 쉬어 가는 곳이고, 사람들이 모여 막걸리를 나누는 곳이기도 합니다. 바둑판이 벌어지면 온 동네 사람들의 훈수로 떠들썩 합니다. 마을 뒷산의 약수터는 원미동을 유토피아처럼 느끼게 만드는 그나마 남아있는 자연입니다. 이제 그런 마을공동체의 잔잔한 인정이 소소한 일상을 놓고 싸우는 전쟁터로 변해가기 시작합니다.

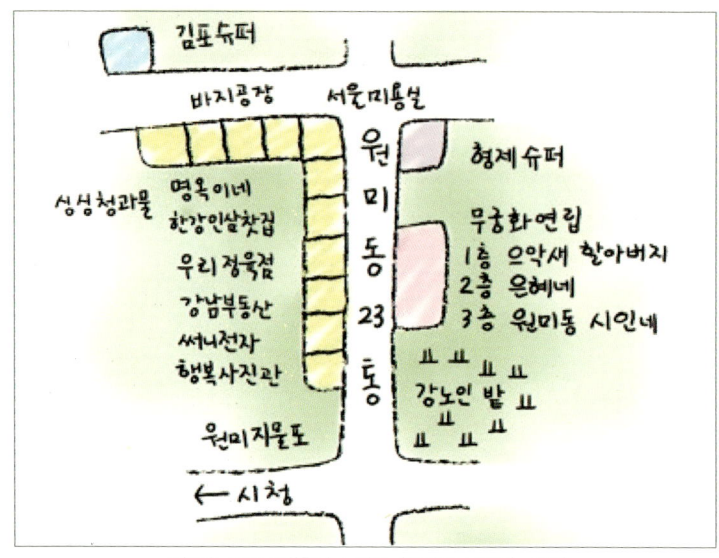

• 작품속 주요무대(출전 : 만화 〈원미동 사람들〉, 살림)

5. 유배당한 땅의 사라지는 유토피아

〈불씨〉에 보면 회사에서 실직하고 원미동으로 흘러온 세일즈맨이 등장합니다. 그는 이것 저것 해보다가 마지막으로 간 곳이 '전통문화연구회'라는 단체입니다. 그곳에서는 버스와 지하철, 정류장이나 터미널, 거리에서 전통을 앞세워 촛대를 팔고 있습니다. 외판원 실습을 마치고 처음으로 나갔을때 촛대를 사려는 사람은 날품팔이 짐꾼입니다.

내가 이래 살아도 권씨 문중의 종손이라 제사가 사흘거리로 돌아오는 몸이라오.

• 원미동 사람들 : 연극과 뮤지컬 포스터

노신의 소설 〈아큐정전〉에서 주인공 아큐가 무너지는 사당에 살면서 자신이 그 마을의 가장 고귀한 혈통과 신분을 자랑하는 조씨와 같은 조상의 후손이 아닐까 생각하는데, 촛대는 과거의 영광에 사로잡힌 오늘의 비참한 현실을 풍자하고 있습니다. 가난한 삶속에서도 촛대에 촛불을 켜려는 한가닥 희망의 마음은 무척이나 연민을 불러 일으키고 안타깝게 만듭니다. 화려했던 지난 날은 다시 오지 않으니까요.

〈일용할 양식〉에서는 공동체의 파괴를 암시합니다. 형제슈퍼와 김포슈퍼 두 가게는 골목길에서 경쟁보다는 협력을 우선하는 사이였으나 길건너 강력한 슈퍼가 등장하면서 서로 출혈경쟁을 하게 됩니다. 가난하고 힘없는 소시민이 협력하지 않으면 어떻게 공동체가 무너지는지 보여주고 있습니다.

양귀자는 연작소설의 마지막을 〈한계령〉으로 잡았습니다. 제목이 한계령이라는 것에서 작가의 생각을 읽을 수 있습니다. 은자는 밤무대의 가수이고 한계령이란 노래를 부릅니다.

아무리 발버둥쳐도 모두가 행복하게 사는 아름다운 동네는 환상일지 모른다는, 설령 그런 꿈을 갖고 살아도 서울로 들어가는 장벽은 너무나도 높은 한계령이 가로 막고 있을지도 모른다는 불안감이 듭니다. 고향과 큰오빠가 있는 추억의 땅으로 가는 길은 한계령이 가로막고 있습니다.

6. 작은 희망의 불씨를 살려라!

중학교 3학년 국어교과서에도 실려있는 양귀자의 〈원미동 사람들〉은 암울한 미래를 상징하는 '디스토피아'를 연상시킵니다. 전체적으로 보면 희망의 불씨가 살아 있는 듯이 보이면서 미래가 아득하게 여겨지는 우울함이 있습니다. 그래도 그 내면에는 희망의 불씨들을 간직하고 있습니다. 그것은 바로 사람간의 정, 사회적 연대, 공동체의 회복입니다.

•한계령을 부른 양희은의 앨범과 노래의 무대인 한계령(출처:양양시)

꿈과 희망이 살아 숨쉬는 행복한 삶의 공간인 유토피아는 내가 사는 현실과 터전이라는 것을 인식한다면, 원미동(遠美洞)은 먼 곳의 아름다운 동네가 아니라 바로 눈 앞의 아름다운 동네인 근미동(近美洞)이 됩니다. 그리고 그것을 만드는 주체는 그 삶의 시공간에 순환적으로 사는 동네주민입니다.

❃ 성찰과 사색의 몇가지 틈새

1) 원미동은 어떤 상징을 가졌을까요?
2) 공동체의 희망은 어떤게 있나요?
3) 서울은 유토피아가 될 수 있을까요?
4) 한계령은 어떤 의미를 지닐까요?

07 호밀밭의 파수꾼

샐린저(1919-2010)

자의식과 탈출구

도시에서 사는 청소년에게 집과 학교와 교회는 모두 도덕률과 일정한 규율이 지배하는 사회이다. 공부에 지친 청소년들에게 탈출구는 없다. 그런데 도심에서 만나는 호밀밭은 아이들에게 도피처와 자신들의 세계를 만들어준다. 이곳은 기존의 질서에서 도피한 청소년들의 폐쇄적 은신처이고 닫힌 세계를 뜻하기도 하며, 해방공간이기도 하다.

 **한 줄 키워드로 읽는 〈호밀밭의 파수꾼〉**

방황, 반항, 도피처, 호밀밭, 파수꾼, 모성애, 구원

어쩌면 이곳에서 정상적인 인간이라고는 나 하나밖에 없는지도 몰랐다.

잘들 지내라, 이 바보들아!

말하자면 호밀밭의 파수꾼이 되고 싶다고나 할까.

* 이 책에 인용한 구절의 출전은 '민음사' 출간본입니다.

07. 호밀밭의 파수꾼

말하자면 호밀밭의 파수꾼이 되고 싶다고나 할까.
바보 같은 얘기라는 건 알고 있어.
하지만 정말 내가 되고 싶은건 그거야. 바보 같겠지만 말이야.

  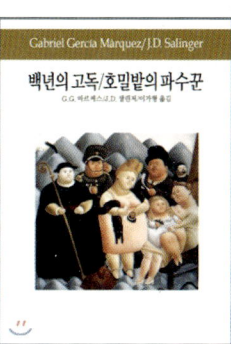 

• 고내의 흘긴물 : 피로무터 다락원, 민음사, 동서문하사, 문예출판사

청소년들의 반항과 방황, 실존적 고민과 사회에 대한 저항을 그린 〈호밀밭의 파수꾼〉은 1951년에 미국의 작가인 샐린저(Jerome David Salinger, 1919-2010)가 세상에 내놓은 문학작품입니다.

작가의 체험적 자전소설이라고도 부르는 이 작품은 학교에서 퇴학당한 한 소년이 위선과 기만에 찬 세상을 향해 방황하고 분노하면서 실존적 고민에 눈뜨는 과정을 그리고 있습니다. 오늘날 학교와 공부에 지친 우리 현실과 별반 다를 바 없다는 점에서 이 책이 주는 의미는 무척이나 크다고 하겠습니다.

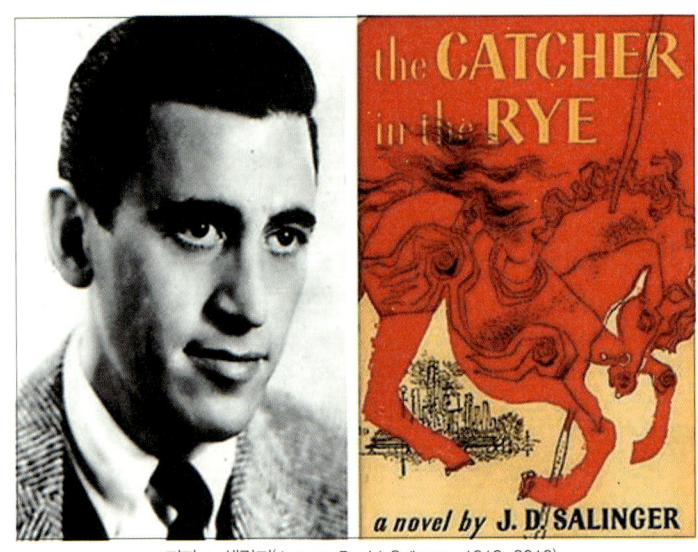

• 저자 : 샐린저(Jerome David Salinger, 1919-2010)

1. 호밀밭은 무엇을 상징하는가요?

　모든 책의 제목은 저자가 가장 중요하게 생각하는 가치나 의도를 담고 있습니다. 따라서 이 작품이 말하고자 하는 방향이나 속내는 '호밀밭'과 '파수꾼'에 있다고 보면 될 것입니다.

　도시에서 사는 청소년에게 집과 학교와 교회는 모두 도덕률과 일정한 규율이 지배하는 사회입니다. 공부에 지치고, 등수에 지치고, 진학에 지쳤습니다. 청소년 그들에게 탈출구가 없습니다. 요즈음 청소년들이 컴퓨터 게임에 빠져드는 것도 비슷한 정서라고 보겠습니다.

호밀밭의 파수꾼 전개과정			
구원 (모성애와 멘토의 존재)	방황 (저항, 도피, 순응)	호밀밭	동심의 세계
			자신의 도피처
			자아의 폐쇄
		파수꾼	자아의 확인
			자신의 세계

농촌에서는 마을의 공회당, 뒷산, 들판이 탈출구이고 안식처였습니다. 왠만한 시골의 집에서는 벽장이나 커다란 항아리, 물건을 쌓아두는 창고나 음식을 보관하는 광이 어린아이들의 도피처이고 안락한 본인만의 휴식처이자 왕국이었습니다. 그곳에서 자신만의 세계를 누리기도 하고, 힘들고 괴롭고 잘못한 일이 있을 때 이곳에 찾아와 머물기도 합니다.

•호밀밭의 파수꾼 : 원작의 삽화

〈호밀밭의 파수꾼〉에 나오는 아이들에게 도피처와 자신들의 세계는 호밀밭입니다. 순수한 자연의 세계, 곧 때묻지 않은 청소년들의 유토피아가 됩니다. 그러면서 한편으로는 기존의 질서에서 도피한 폐쇄적 은신처이고 닫힌 세계를 뜻하기도 하며, 해방공간이기도 합니다.

2. 청소년은 왜 기성세대에 저항하나요?

청소년기는 사춘기라고 합니다. 길들여진 타아(他我)에서 자신의 것을 채우려는 자아(自我)가 형성되는 시기입니다. 그래서 순수하고, 선악이 뚜렷하게 대비됩니다.

그런데 청소년들이 보기에 기성세대는 그렇지 않다고 여깁니다. 타협하고, 선악의 구분이 모호하며, 이익에 대한 자기중심과 이성적 판단을 요구합니다. 청소년은 이익보다는 진실, 타인에 대한 감성이 살아 있습니다.

콜필드의 방황과 구원의 과정			
①반항	②방황	③폐쇄	④구원
학교 이탈	2박 3일의 가출	호밀밭의 파수꾼	멘토와 모성애

집에서는 아버지로 대표되는 어른의 위선을 보고, 학교에서는 착하게 살라, 공부하라, 세상은 정의롭다고 가르치는데 실상은 그렇지 않다고 여깁니다.

지금 내 눈앞에는 일단 기어를 넣으면서 예수님께 좀더 많은 돈을 벌 수 있게 해달라고 기원하는 엄청난 사기꾼들이 서 있는 것이다.

교회는 헌금과 사교의 장이고, 가난하고 낮은 자를 향해 가지 않습니다. 하느님과 예수님의 초상은 오로지 성경책과 교회안에서만 존재하고 숨쉬고 있을 뿐이라 여깁니다. 콜필드는 이런 위선에 대해서 소리를 지릅니다.

1888년 이래로 우리는 건전한 사고 방식을 가진 훌륭한 젊은이들을 양성해 내고 있습니다. 이건 정말 웃기지도 않는다. 훌륭한 젊은이들을 양성하다니. 정말 말도 안되는 소리. 이곳은 다른 학교들과 별다른 차이도 없다.

원래 학비가 비싼 학교일수록 사기꾼들이 들끓는 법이다.

콜필드는 4개 과목에서 낙제점을 받았고, 공부에도 의욕이 없었습니다 결국은 퇴학을 당하고 학교에서 쫓겨납니다. 콜필드는 존경하는 스펜서 선생님에게 작별인사를 드리고 학교를 떠납니다.

아버지는 내가 탭 댄서가 되는걸 반대하셨어요. 대신 옥스퍼드 대학에 가기를 원하셨어요. 하지만 내 피는 온통 탭 댄스를 추도록 흐르고 있지 뭡니까.

선생님의 말씀도 기성세대와 위선적 사회에서 들었던 얘기와 다를 바 없습니다. 속으로 비아냥 거리면서 세상을 향해 달려 가는데, 그게 그렇게도 신이 납니다.

인생이란 시합이지. 맞아. 인생이란 규칙에 따라야 하는 운동경기와 같단다.

예, 선생님, 저도 그렇다고 생각합니다.

시합같은 소리하고 있네. 시합은 무슨. 만약 잘난 놈들 축에 끼어 있게 된다면 그때는 시합이라고 할 수 있을 것이다.

콜필드의 개체자아는 기성세대의 자아와 충돌하고 있었습니다. 부모님의 자아는 성공을 위한 공부만 강조합니다. 콜필드의 몸부림을 사춘기의 반항으로 보고 있습니다.

학교의 선생님들은 도덕 교과서의 글귀만 읊조리고, 사회는 타락과 이기심이 가득한데 언제나 도덕적인 규율만 강조한다고 그는 생각했습니다. 그래서 드디어 학교를 탈출합니다.

난 빨간 모자를 언제나처럼 챙을 뒤로해서 쓰고, '잘들 지내라, 이 바보들아!' 라고 큰소리를 질렀다. 그 층에 있는 놈들은 거의 다 잠을 깼을 것이다. 그러고는 쏜살같이 뛰어 내려갔다. 어떤 멍청한 놈이 땅콩 껍질을 계단에 올려 놓아 하마터면 목이 부러질 뻔했다.

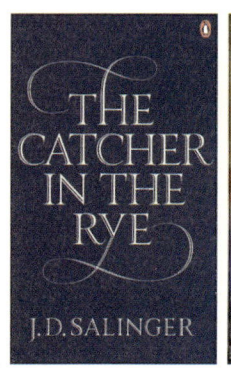  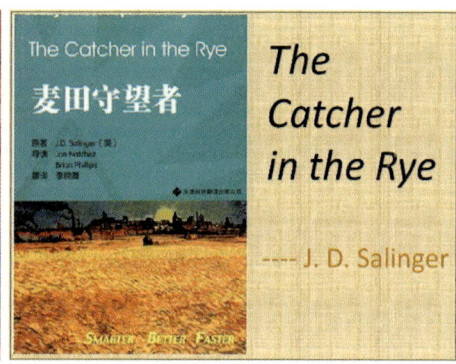

• 〈호밀밭의 파수꾼〉 : 국내외의 여러 출간물

3. 콜필드는 왜 파수꾼을 자처하나요?

이 작품의 주인공인 콜필드는 호밀밭의 파수꾼을 자처합니다. 그는 기성세대의 위선에 저항합니다. 가식적인 세계를 경멸하고 있습니다. 그리고 만난 사회도 콜필드의 도피처나 안식처가 되지를 못하였습니다.

어쩌면 이곳에서 정상적인 인간이라고는 나 하나밖에 없는지도 몰랐다.

어렵게 연락된 여동생 피비는 오빠에게 계속 '아빠가 오빠를 죽일거야' 라고 말합니다. 콜필드의 방황은 그에게 사명감을 불러 일으켰습니다. 사회부조리에 대한 저항을 행동으로 보여주는 목적의식적 자아가 생겨났습니다. 이제 자신만이 할 수 있는 세계, 호밀밭의 파수꾼이 되기로 결심합니다.

말하자면 호밀밭의 파수꾼이 되고 싶다고나 할까.
바보 같은 얘기라는 건 알고 있어.
하지만 정말 내가 되고 싶은건 그거야.
바보 같겠지만 말이야.

호밀밭의 파수꾼을 결심한 콜필드는 여동생 피비의 계속되는 "아버지가 오빠를 죽일거야"를 들으며, 인생의 전환점이 되는 앤톨리니 선생님을 찾아갑니다. 영어를 가르쳤던 앤톨리니 선생님은 콜필드에게 부모님이 퇴학당한 얘기를 듣고 가슴이 무척 아플 것이라는 말을 하면서 이런 당부의 말을 잊지 않았습니다.

지금 네 모습은 무서운 타락의 길에 들어서 있는 것 같이 보이는구나. 그렇지만 사실대로 말하자면, 난 잘 모르겠구나. 그게 어떤...내 말 듣고 있니?

미성숙한 인간의 특징은 어떤 이유를 위해 고귀하게 죽기를 바라는 경향이 있다는 것이다. 반면 성숙한 인간의 특징은 동일한 상황에서 묵묵히 살아가기를 원한다는 것이다.

•영화속 장면 : 호밀밭의 파수꾼을 결심하는 콜필드

앤톨리니 선생님은 기성세대와는 무엇인가 다른 냄새가 나고, 콜필드의 마음을 흔들었습니다. 흔들리는 마음을 애써 감추려고 하는데, 술에 취해 정신없는 선생님이 자신의 머리를 만지고 있는 것을 보고 변태라고 생각하면서 급하게 떠납니다.

이제 네가 가야 할 길을 찾아야 할 날이 머지 않았어. 그리고 나면 그곳을 향해 곧장 떠나야지. 조금도 지체하지 말고 말이야. 단 일분의 여유도 없이. 특히 네 경우는 더하지.

네가 가고 싶은 길을 찾고나면, 가장 먼저 해야 할 일이 학교에 들어가는 일이어야 할거야. 그렇지 않으면 안돼. 넌 학생이니까. 네 마음에는 안드는 생각일지 모르지만. 어쨌든 넌 지식을 사랑하니까 말이다.

그런데 이것은 콜필드가 흔들리는 자신의 마음을 감추려는 당황스런 행동일 뿐입니다. 그걸 감추려고 몸부림치지만 이제 남은 것은 구원의 손길입니다. 방황을 마치고 성숙한 자아를 찾은 콜필드에게 필요한 것은 근원으로 돌아갈 수 있는 희망의 언덕입니다.

•영화속 장면 : 콜필드와 피비

4. 여러분의 호밀밭은 어디에 있나요?

　콜필드는 여동생 피비에게 빌린 용돈을 돌려주겠다고 편지를 씁니다. 이것은 그의 구원의 기도이고, 마지막 손길의 요청인 것입니다. 그리고 만난 피비의 한마디는 콜필드에게 이전의 호밀밭의 파수꾼에서 여동생의 파수꾼으로 전환시키는 계기가 되었습니다. 겉으로는 동생의 보호자지만 실상은 그를 구원한 것은 오빠를 걱정하는 피비의 모성애였습니다.

내 옷, 나도 오빠하고 같이 갈 거야, 괜찮지?

오빠, 부탁이야. 나도 갈래.
정말 가고싶어, 오빠한테 조금도…

잠깐 동안만 오빠가 쓰고 있어.

피비를 만나 결국 집으로 돌아온 콜필드는 탈선과 비정상이란 진단을 받고 병원신세를 졌지만 사실상 병든 것은 세상이었고, 어린 여동생 피비야말로 도시에서 가장 순수하고 때묻지 않은, 모든 청소년들이 생각하는 호밀밭이었습니다. 그리고 오빠는 이제 그녀의 파수꾼이 되어 치열한 이 사회에서 자신의 세계를 만들며 살아갈 것입니다.

● 성찰과 사색의 몇가지 틈새

1) 호밀밭은 무엇을 상징하나요?
2) 청소년에게 자유와 방황은 죄인가요?
3) 멘토와 모성애는 왜 필요할까요?
4) 청소년들의 호밀밭은 어디에 있나요?

08 파리대왕

윌리엄 골딩(1911-1993)

내면적 본성의 선과 악

〈파리대왕〉에서 파리는 악령을 옮기는 동물이다. 죽은 시체에 모여드는 파리는 악령의 전도사 같다. 이들의 왕이 파리대왕이다. 인간 내면과 외면에 나타나는 악(惡)으로 비유하자면, 파리는 현상에 드러나는 행위를 뜻하고, 대왕은 인간의 내면에 내재된 근원적인 본성을 의미한다. 파리대왕은 악령의 왕, 인간본성에 내재된 폭력과 야만성을 상징한다.

 한 줄 키워드로 읽는 〈파리대왕〉

민주주의, 본성, 선과 악, 금기, 규율, 해방

지혜라는 것을 조금이나마 보여준 쪽은 새끼돼지였고, 리더십을 두드러지게 발휘한 쪽은 잭이었다. 그러나 앉아있는 랠프의 모습에는 그를 다른 아이들과 구별짓는 묵언의 힘이 있었다.

또 한가지, 우리 모두가 한꺼번에 말 할 수는 없거든. 그러니까 학교에서처럼 발언자는 손을 들어야 해.

철부지들 같아! 한 떼의 철부지들 같으니라구!

* 이 책에 인용한 구절의 출전은 '문예출판사' 출간본입니다.

08. 파리대왕

두 소년은 얼굴을 마주 보았다.
한편에는 사냥과 술책과 신나는 희열과 전략의 세계가 있었고,
한편에는 동경과 좌절된 상식의 세계가 있었다.

• 국내의 출간물 : 좌로부터 문예출판사, 민음사, 소담출판사, 청목사

영국의 작가인 윌리엄 골딩 (Golding, 1911-1993)이 1954년에 세상에 내놓은 작품입니다. 민주적 사회에서 고립된 인간들이 어떻게 빠르게 자신들이 구축한 질서를 깨고 근원적 악마성을 드러 내놓을 수 있는지 어린아이의 세계를 통해 보여주고 있어 세계문단에 준 충격을 이루 말할 수 없습니다.

인간사회와 내면에 대한 이성적 신뢰가 결코 철옹성이 아니며 인간은 언제든지 야만적 상태로 돌변할 수 있다는 점에서 우리는 이 작품을 통해 인문적 성찰과 더불어 시민 민주주의에 대한 지속적 훈련과 합의과정이 필요함도 절실하게 느끼고 있습니다. 윌리엄 골딩은 이 작품으로 1983년에 노벨문학상을 수상합니다.

• 저자 : 윌리엄 골딩 (Golding, 1911-1993)

1. 파리대왕은 어떤 뜻일까요?

모든 책의 제목은 저자가 가장 중요하게 생각하는 가치나 의도를 담고 있습니다. 〈파리대왕〉에서 파리는 악령을 옮기는 동물입니다. 죽은 시체에 모여드는 파리는 악령의 전도사 같습니다. 이들의 왕이 파리대왕입니다.

인간 내면과 외면에 나타나는 악(惡)으로 비유하자면, 파리는 현상에 드러나는 행위를 뜻하고, 대왕은 인간의 내면에 내재된 근원적인 본성을 의미한다 하겠습니다. 파리대왕은 악령의 왕, 인간본성에 내재된 폭력과 야만성을 상징합니다.

낙원에서 추방된 인간에게 선(善)은 없습니다. 오로지 본능이 꿈틀거릴 뿐입니다. 그런데 그것을 억누르는 것은 신이 약속한 천국(유토피아)입니다. 인간은 그것을 기다리며 인내하지만 내재된 욕망이 꿈틀대면 곧바로 신과의 약속을 파기합니다.

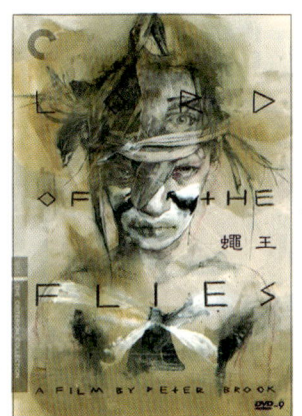  

• 파리대왕을 상징하는 여러 표제물

인간 본성을 악으로 보는 오랜 견해는 인간의 자유의지와 질서를 믿지 않았습니다. 〈파리대왕〉은 신과의 약속처럼 민주적 질서에서 키워지는 아이들이 자연상태에 놓였을 때 어떻게 변해 가는지를 보여주고 있습니다.

2. 낯선 땅에서 만난 민주주의

비행기가 추락하였습니다. 한 무리의 아이들이 살아남아 무인도에 상륙합니다. 아이들은 영국에서 이미 민주적인 교육과 엄격한 규율에 익숙한 아이들이었습니다.

어른이 없는 이곳에서 아이들은 스스로 제도와 규율을 만들어 자율적인 작은 사회를 형성할 것입니다. 왜냐하면 민주교육을 무척이나 잘 받은 모범생들이니까요.

지혜라는 것을 조금이나마 보여준 쪽은 새끼돼지였고, 리더십을 두드러지게 발휘한 쪽은 잭이었다. 그러나 앉아있는 랠프의 모습에는 그를 다른 아이들과 구별짓는 묵언의 힘이 있었다.

작은 사회에서 두려움에 떠는 아이들, 그저 신나는 아이들, 규율이 없는 사회에서 누릴 자유를 만끽하고 싶은 아이들, 당장이라도 신호를 보내 구원을 받아 집으로 돌아가고 싶은 아이들, 무엇부터 해야하는지 아직은 망막하고 계획도 없습니다.

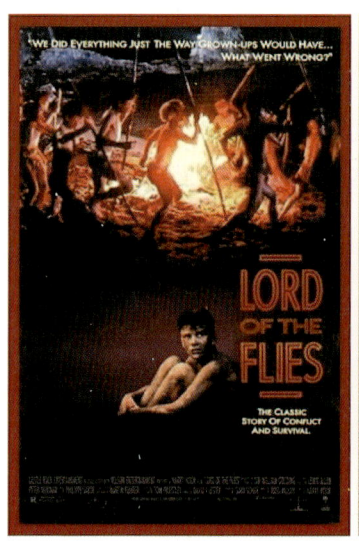

• 〈파리대왕〉의 영화 포스터

이런 상황에서 과학적 사고를 하는 새끼돼지나, 야성적인 자유를 주장하는 잭이나, 침착하고 사려깊은 민주적인 랠프의 어떤 리더십이 이런 재난적인 상황에서 필요한지도 아직 모릅니다. 다만 소라고동의 소집과 투표를 통한 의사결정, 손을 들고 발언하는 규칙, 사냥부대의 조직 등 모든게 학교에서 배운대로 순조롭게 진행됩니다.

또 한가지, 우리 모두가 한꺼번에 말 할 수는 없거든. 그러니까 학교에서처럼 발언자는 손을 들어야 해.

그리스 민주정치를 상징하는 소라고동은 잠시나마 민주적 질서를 세우는데 일조를 하였지만, 그것도 잠시 뿐, 시간이 흐르면서 이제 제어하고 배려하는 민주적인 의사결정은 사라집니다. 모두들 목소리가 큰 쪽으로 우루루 몰려가는 감정적, 단선적, 우중(愚衆)이 되어가고 있었습니다.

•민주적 의사결정을 나타내는 소라고동 : 영화와 만화의 한 장면

그러니까 산꼭대기에다 연기를 피워야 해. 봉화를 올려야 한다구.

철부지들 같아! 한 떼의 철부지들 같으니라구!

봉화를 올려야 한다는 랠프의 말에 반 수 이상이 찬성을 하였습니다. 그러자 '철부지들 같아! 한 때의 철부지들 같으니라구'라고 과학적 사고를 하는 새끼돼지가 중얼거렸습니다. 기약없는 내일에 미치지 말고 당장에 필요한 현실적 필요가 더욱 중요하다는 새끼돼지의 생각은 꺼내지도 못했습니다.

자유로운 무인도에서 그는 이미 새끼돼지라는 멸시의 별병을 얻었고, 야만적 욕설과 폭력의 수난대상이 되었기 때문입니다. 이제 무인도에는 일부에서 야만적 자유가 지배하는 사회가 생겨난 것입니다.

•파리대왕의 상징성 : 제도와 자유, 규율과 해방의 양면성

불길은 거침없이 무인도의 숲을 불태우기 시작하였습니다. 아이들은 구원을 받을 수 있다는 희망을 안고 신나게 불지르기 경쟁을 하였습니다. 민주적인 의사결정도 자칫 심각한 재난과 판단 오류임을 보여주고 있습니다. 새끼돼지처럼 냉정한 판단이 필요할 때도 있습니다.

난 소라를 들고있어. 내 말좀 들어봐! 우리가 맨 먼저 해야 할 일은 바닷가에 오두막을 짓는 거였어. 밤에 바닷가는 몹시 추워지거든. 그런데도 랠프가 봉화라는 말을 입밖에 내놓기가 무섭게 너희는 고함치고 요란떨며 이 산으로 올라왔어. 한때의 철부지처럼 말이야.

민주사회는 소라고동의 질서와 투표를 통한 의사결정도 필요하지만 과학적인 사고도 한 몫을 한다는 것을 보여줍니다. 여러 사람들의 재능과 경험이 다양하게 받아 들여지고, 검증이 될 때 합리적이고 보편적인 사회가 된다는 것을 보여주고 있습니다.

3 민주적 질서와 야만적 자유

무인도의 시간이 흘러가면서 아이들은 이제 제도와 규율의 사회적 질서를 받아들이는 부류와 민주사회의 여러 금기로부터 벗어나려는 해방의 자유를 만끽하려는 부류로 나누어지기 시작하였습니다.

아이들은 무인도에 흩어져 과일을 구합니다. 금기를 지키는 것입니다. 잭은 사냥을 시작합니다. 금기의 파기입니다. 금기로부터 자유를 얻었습니다. 보통 우리에게 학교, 가정, 교회, 법률은 금기의 영역이고, 무인도, 사냥, 축제 등은 해방의 공간입니다.

금기(억압)	해방(자유)
1) 부모, 가족, 사회적 자아	1) 사냥, 무인도, 캠핑
2) 도덕, 법률, 제도	2) 축제, 스포츠
3) 학교, 교회, 공동체	3) 춤과 노래, 외식(고기)

랠프와 잭, 두 소년은 얼굴을 마주 보았습니다. 한편에는 사냥과 술책과 신나는 희열과 전략의 세계가 있었고, 한편에는 동경과 좌절된 상식의 세계가 있었습니다.

• 두 세계의 충돌 : 영화와 만화의 한 장면

랠프와 새끼돼지, 사이먼은 민주적인 의사결정과 과학적 사고, 철학적 사유의 소유자였고, 잭과 로저는 소수의 결정과 자연속의 무질서와 야만적 자유를 누리고자 하였습니다. 이제 아이들은 성향에 따라 두 부류의 세계로 갈라선 것입니다.

4 신화와 금기는 어떻게 만들어지나요?

인간의 모든 죄악과 잔학성은 외적요소에서 오는게 아니라, 인간내부의 어둠의 핵심에서 유래합니다. 인간은 불안하기 때문에 금기를 만들고 이에 따라 제도와 규율과 관습으로 사회적 질서를 유지합니다. 그리고 금기의 억압을 풀어주는 축제와 일탈을 허용합니다.

• 〈파리대왕〉이 보여주는 인간본성의 양면성

랠프는 민주적 질서와 훈련을 잘 받았지만 야만적 자유를 일정부분 허용하는 해방의 추구는 하지 못하였습니다. 오히려 억압에서 해방은 잭이 시작합니다. 자연상태에서 억압이 풀린 아이들은 사냥과 춤과 노래로 해방을 자유롭게 누립니다. 그리고 알 수 없는 공포에 휩싸이면서 점차 잭에게 권력을 넘기고 그것에 복종하는 신민(臣民)이 됩니다.

잭은 사냥부대 쪽을 향했다.
 이 애는 사냥꾼이 못 돼. 우리에게 고기를 가져다 준 적이 없어. 그는 반장도 아니고 우리가 그에 대해 아는 것도 없어. 그냥 명령만 하면서 남들이 거저 복종 해 주기를 바라는 거야. 이런 이야기도...

알 수 없는 공포는 사실 아이들을 구원할 수 있는 어른의 목소리였으나 아이들은 자기내면의 공포에 휩싸여 스스로 살 수 있는 길을 버린 것입니다. 새끼돼지의 과학적 판단, 사이먼의 철학적 깊이, 랠프의 조용한 리더십이 모두들 구원시키는 민주적 개별사항이란걸 몰랐던 것입니다.

짐승은 없다고 분명히 말해둔다.

그 짐승이란 것은 어쩌면 유령일 거야.

•인간본성의 양면성은 금기와 해방, 공포와 자유

다수가 무사유(無思惟)를 하면 우중(愚衆)이 되지만, 협력하면 다중지성이 되는 이치입니다. 사이먼에게 들리는 파리대왕은 무인도의 암울한 미래를 말하고 있습니다. 스스로 구원할 수 없다는 신호였습니다.

'자, 이제 다른 애들에게로 돌아가거라. 그러면 모든 것을 잊게 될거야' 하고 파리대왕이 말했다.

5 민주주의에 희망은 있나요?

사이먼은 고독한 인간의 실존을 상징합니다. 무인도에서는 사이먼의 철학적 사유가 필요했던 거지요. 그러나 아이들은 야만적 자유가 더욱 실존을 부추겼습니다. 이제 문명의 파괴는 하나의 즐거움이었고, 그것을 반대한 어떤 규율도 용서할 수가 없게 되었습니다. 랠프의 마지막 호소는 야유와 함성속에 묻혔습니다.

법을 지키고 구조되는 것과 사냥이나 하면서 모든 것을 파괴하는 것 중에 어느 편이 좋으냐 말이야?

•불과 어른 : 문명과 파괴, 억압과 구원을 상징

잭은 드디어 랠프를 죽이려고 산에 불을 지릅니다. 그런데 역설적으로 그 불길은 멀리 영국의 군함에게 발견되었습니다. 안경으로 불을 만든 새끼돼지의 문명과 랠프가 주도한 소라고동의 민주적 문명을 파괴한 야만의 불길이 오히려 구원을 하였습니다.

윌리엄 골딩은 〈파리대왕〉에서 사회의 양면성, 인간의 양면성을 문명의 상징과 문명파괴의 '불'로 보여주고 있는 듯이 보입니다. 따라서 민주적 질서는 인간의 자율성에만 맡길 수 없다는 윌리엄 골딩의 목소리가 담겨있습니다.

당시의 수천만명을 죽이는 2차세계대전의 상황에서 인간의 민주적 리더십을 긍정할 수 없었을 것입니다. 그러면서도 문명을 살리는 어른들의 구원과 불길을 남겨둔 것은 민주주의에 대한 일말의 기대감이라 하겠습니다.

● 성찰과 사색의 몇가지 틈새
1) 현대사회에서 파리대왕은 누구를 말할까요?
2) 야만적 자유는 어디에서 올까요?
3) 금기는 왜 만들어지나요?
4) 인간에게 민주적 질서를 기대할 수 있나요?

09 닥터 노먼 베쑨

테드 알렌(1965-현재) 외

대의(大義)와 대의(大醫)

노먼 베쑨은 캐나다 출신의 이름있는 탁월한 흉부외과 의사였다. 어느날 그는 한 생명을 구하는 의사를 넘어 사회를 구원하는 의사가 되겠다고 결심하였다. 베쑨은 불의와 악이 지배하는 세계사의 현장으로 뛰어들어 몸소 인의(仁醫)를 실천하였고, 그 현장에서 세상을 떠났다. 많은 사람들이 노먼 베쑨을 존경하고 그를 생각하는 것은 인류역사의 대의(大義)가 결국은 내 주변의 삶을 밝고 아름답게 만든다는 실천사상을 인정하고 따르기 때문일 것이다.

 한 줄 키워드로 읽는 〈닥터 노먼 베쑨〉

생명의 칼, 정의의 칼, 사회적 치유, 인류애, 인도주의

나는 살인과 부패가 판을 치는 이 세상에서 그 모순을 묵과하기를 거부하오. 나는 우리가 소극적인 탓에 또는 태만한 탓에 탐욕스런 인간들이 전쟁을 일으켜 다른 사람들을 살육하는 것을 도저히 묵과할 수 없소.

내가 중국으로 가려는 이유는 그곳이 가장 절실하게 도움을 필요로 하는 곳이기 때문이오. 또한 나의 능력이 가장 가치있게 쓰일 수 있는 곳이 바로 그곳이기 때문이오.

* 이 책에 인용한 구절의 출전은 '실천문학사' 출간본입니다.

09. 닥터 노먼 베쑨

내가 중국으로 가려는 이유는 그곳이 가장 절실하게
도움을 필요로 하는 곳이기 때문이오. 또한 나의 능력이
가장 가치있게 쓰일 수 있는 곳이 바로 그곳이기 때문이오.

• 국내 출간본 : 실천문학사(3)

    2013년 1월에 염홍철 대전시장은 〈닥터 노먼 베쑨〉을 시민과 공무원 사회에 추천도서로 선정하였습니다. 이유를 보면 '그(노먼 베쑨)의 모습은 소위 말하는 우리 사회의 오피니언 리더들이 갖춰야 할 소양이라고 생각한다'고 하고, 아울러 '이 책을 읽으면서 우리 모두가 자신의 일에 얼마나 애정을 갖고

•닥터 노먼 베쑨(1890-1939)

열정을 쏟고 있는지 돌아보는 기회가 됐으면 한다'고 하였습니다.

노먼 베쑨(1890-1939)은 캐나다 출신의 이름있는 탁월한 흉부외과 의사였습니다. 어느날 그는 한 생명을 구하는 의사를 넘어 사회를 구원하는 의사가 되겠다고 결심하고 불의와 악이 지배하는 세계사의 현장으로 뛰어들어 몸소 인의(仁醫)를 실천하였고, 그 현장에서 세상을 떠났습니다.

오늘날에도 많은 이들이 노먼 베쑨을 존경하고 그를 생각하는 것은 인류 역사의 대의(大義)가 결국은 내 주변의 삶을 밝고 아름답게 만든다는 실천사상을 인정하고 따르기 때문일 것입니다.

1. 노먼 베쑨은 어떤 사람인가요?

헨리 노먼 베쑨(Dr. Henry Norman Bethune, 1890-1939)은 캐나다 출신의 외과 의사이며 의료개혁가이고, 세계 혁명의 실천가라고 할 수 있습니다.

캐나다 의료복지의 초석을 세우고 결핵퇴치에 커다란 업적을 쌓은 그의 인생은 안락한 노후와 명예를 누리기에 부족함이 없었습니다. 그런 베쑨이 왜 세계의 혁명현장에 발을 들여 놓았을까요?

•중국 인민의 영원한 친구로 불리우는 노먼 베쑨

베쑨은 세계의 질병이 제국주의적 모순과 병폐에 있다고 보았습니다. 그는 세계의 모순이 집약된 1930년대의 스페인 내전과 중국의 항일전선을 누비며 수많은 사람들의 목숨과 건강을 지켰으며, 정의와 인도가 무엇인지를 몸으로 보여 주었습니다.

그의 중국식 이름은 '백구은(白求恩)'이며 뒤에 늘 의사라는 뜻과 선생님의 의미를 지닌 대부(大夫)를 붙이는데, 백구은(白求恩) 대부(大夫)라는 중국식 이

•중국혁명의 현장에서 의료 구호 활동중인 노먼 베쑨

09 닥터 노먼 베쑨 •• 117

름에 담긴 그 뜻은 '서양인으로 중국을 구한 은혜로운 의사 선생님'입니다. 또한 중국에서는 그를 일컬어 '중국 인민의 영원한 친구'로 기념하고 있습니다.

2. 생명의 칼에서 정의의 칼로!

여기에서 우리는 하나의 질문을 던집니다. 전장에서 가난하고 힘들고 병든 사람을 구한 의사라서 그렇게 인민의 친구가 될 수 있었을까요? 그렇지는 않을 것입니다. 이것이 바탕이 되었을 지언정, 역사적 의미에서 본다면 그는 의료와 의사라는 직업윤리를 세계적 정의, 인류애적 도덕으로 승화시켰기 때문에 위대한 스승으로 존경을 받는 것이지요. 프랑스의 슈바이처처럼 말이지요.

•의료 구호활동중인 노먼 베쑨의 기록화

베쑨은 사회적 모순과 사회적 고통을 지역에 국한해서 본 것이 아니라 지구적 관점, 세계적 차원, 인류적 시각에서 생각하고 실천을 하였던 것입니다. 이념과 국적과 민족을 초월한 인류애, 개인의 안락한 삶을 넘어 아프고 병든 이를 생각한 이타애(利他愛), 사회적 연대와 그 책임을 실천한 지행일치의 공동체 정신은 그의 가슴에 흐르는 가치였습니다.

우리는 이러한 의사의 칼에 대해서 생명의 칼을 넘어선 정의의 칼이라 부릅니다. 중국의 신해혁명을 이룬 손문(쑨원), 알제리 민족해방을 이끌어낸 프란츠 파농, 쿠바혁명에 참여하고 볼리비아 혁명을 꿈꾸었던 체 게바라 등이 모두 의사의 길을 던지고 세계구원에 나선 사람들 입니다.

노먼 베쑨은 잘 알려지지 않았고, 정치적, 역사적 명성도 이들에게 뒤질지는 모르지만 추구한 정신은 같다는 측면에서 대의(大義)를 실천한 대의(大醫)라 평해도 부족함이 없을 것입니다.

3. 사회적 치유는 무엇을 말하나요?

의사는 본연의 도덕성과 정의감이 있어야 합니다. 그것은 모든 이들의 생명은 같고 소중하다는 생명윤리와 더불어 인술(仁術)을 펼치는 직업적 소명의식입니다. 하늘이 그들에게 뛰어난 의료기술을 내린 것은 의료행위를 통해 부와 명예와 사회적 지위를 독점하라는 것이 아니라 받은 만큼 인류와 사회에 환원하라는 뜻일 것입니다. 베쑨의 신념과 가치는 보통의 의사를 넘어섰던 것입니다.

제가 말하는 사회주의 의료의 의미는 다음과 같습니다.

첫째, 보건이라는 것이 우편, 국가방위, 사법, 교육 등과 같이 공공의 문제라는 것입니다.

둘째, 국민보건을 위해 공공기금이 사용되어야 한다는 것입니다.

셋째, 의료보호혜택이 소득에 따라 돌아가는 것이 아니라 '필요' 에 따라서 만인에게 베풀어져야 한다는 것입니다.

즉 자선이 아닌 정의가 중요한 역할을 해야 한다는 것입니다.

• 노먼 베쑨을 기념하는 여러 우편엽서와 우표들

예전에 공전의 열풍을 일으킨 사극 〈허준〉에서 허준의 스승인 유의태가 의사가 되려는 허준에게 하였던 말이 있습니다. 역사적 근거가 있는 것은 아니지만 많은 부분에서 공감되었고, 〈닥터 노먼 베쑨〉에도 충분히 적용할 수 있습니다.

그 내용은 의사의 신념과 가치에 따라 소의사, 중의사, 대의사로 구분하며 허준에게 대의사가 되라는 당부입니다. 아마 세계기록유산으로 등재된 〈동의보감)의 저술은 스승에 대한 허준의 답이었을 것으로 생각이 듭니다. 그럼 소의사, 중의사, 대의사는 어떤 수준의 인간형일까요?

 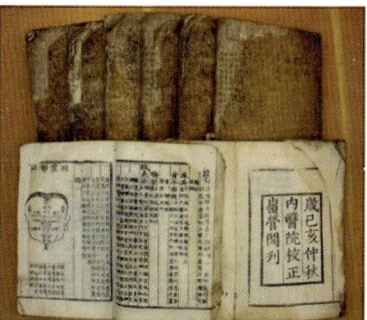 

• 허준 초상화, 세계기록유산 〈동의보감〉, MBC사극 허준 포스터

　보통 질병은 잘 보고 잘 다스리지만 아픈 환자의 마음과 환경은 잘 돌보지 못하는 의사는 소의사(小醫師)라고 합니다. 아픈 이를 생각하고 치료전이나 치료후도 걱정하며 돌보지만 사회적 관심까지는 확장되지 않은 이들을 중의사(中醫師)라 하겠습니다. 대의사(大醫師)는 질병과 사람과 사회를 통합적으로 보는 사람입니다. 이런 면에서 베쑨은 대의사라 하겠고, 그가 행하고자 하였던 가치는 사회적 치유였던 것입니다.

4. 베쑨은 왜 중국에 가야했나요?

　베쑨은 앞날이 외롭고 위험한 길이라는걸 알면서 스페인 내전에 뛰어듭니다. 스페인 민중의 고통이 바로 자신의 고통이라는 세계인의 발상이 여기서 나타납니다.

나는 살인과 부패가 판을 치는 이 세상에서 그 모순을 묵과하기를 거부하오. 나는 우리가 소극적인 탓에 또는 태만한 탓에 탐욕스런 인간들이 전쟁을 일으켜 다른 사람들을 살육하는 것을 도저히 묵과할 수 없소.

모든 인류를 공동의 벗으로 여기는 인류애적 사해동포주의는 예수님이 고난의 세월을 겪고 십자가에서 대속하신 그것을 실천하는 것이었습니다. 그리고 이어서 스페인 내전과 항일투쟁의 격전지인 중국으로 들어가게 됩니다.

내가 중국으로 가려는 이유는 그곳이 가장 절실하게 도움을 필요로 하는 곳이기 때문이오. 또한 나의 능력이 가장 가치있게 쓰일 수 있는 곳이 바로 그곳이기 때문이오.

여기서 우리가 간과해서는 안되는 인물들이 있습니다. 캐나다에 베쑨이 있었다면 근대시기에 일본제국주의 침탈로부터 동아시아의 평화와 연대를 구축하고자 내전과 혁명에 뛰어든 수많은 조선인들이 있었다는 사실을 결코 잊어서는 안될 것입니다.

•중국의 모택동(마오쩌둥)과 만나 환담하는 노먼 베쑨

국제연대를 실천하였던 우당 이회영, 단재 신채호, 약산 김원봉, 〈아리랑〉의 주인공인 김산, 역사에 이름을 알리지 않은 수많은 항일독립 전사들이 모두 베쑨이며, 우당이며, 단재이며, 약산이며 김산인 것입니다.

5. 세계인으로 살아가는 방법을 찾아서

유엔인권선언은 자연상태에서 모든 인간은 평등하게 태어났으며, 국적, 인종, 종교, 피부색, 정치적 견해에 의해 차별받지 않고 평등한 권리를 누린다고 하였습니다.

• 중국 북경대 교정에 자리잡은 노먼 베쑨의 동상과 묘소

우리가 말하는 국제인, 세계인은 해외여행을 많이 다녔거나 외국인 친구가 많다고 부여되는 개념이나 인간형이 아닙니다. 모든 인간의 생명과 존엄성을 존중하고, 그것의 실현을 위해 애쓰는 사람이 세계인이고 진정한 인본주의자(휴머니스트)입니다.

이념의 잣대나 종교의 눈으로 사람의 선행을 평가하거나 휴머니즘을 폄하해서도 안될 것입니다. 근대시기의 시대정신과 주요한 정의와 도덕은 제국주의와 봉건주의의 타파이고, 호혜평등의 국제질서에서 인간이 주인되는 독립적이고 자주적인 시민국가의 건설이었습니다. 베쑨은 그것을 실천한 사람이고, 오늘날에도 우리에게 세계인으로 살아가는 길과 방향을 알려주고 있는 것입니다.

❁ 성찰과 사색의 몇가지 틈새

1) 정의의 칼과 사회적 치유는 무엇인가요?
2) 대의(大醫)는 어떤 유형의 사람인가요?
3) 노먼 베쑨은 왜 중국에 갔나요?
4) 진정한 세계인은 어떤 사람인가요?

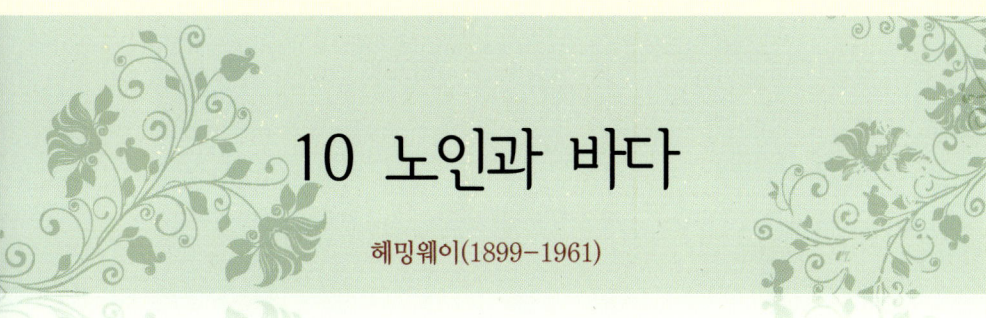

10 노인과 바다

헤밍웨이(1899-1961)

고독과 실존의지

자연이라는 거대한 질서속에서 인간은 홀로 있거나 늙어가면 자유의지와 실존이 위협받는다. 그러나 바다의 어부인 노인은 파도와 싸우고, 청새치와 싸우고, 상어와 싸우고, 주변의 고독과 싸우면서 인간의 위대한 투쟁정신을 보여준다. 헤밍웨이의 〈노인과 바다〉가 갖는 미덕은 고독을 이겨낸 자유인의 모습을 발견하는 것이라고 하겠다.

 한 줄 키워드로 읽는 〈노인과 바다〉

자유인, 실존, 고독, 바다, 노인, 소년, 사자, 청새치, 상어

그들에게 바다란 투쟁의 상대였으며, 작업장이기도 하고, 심지어 적이 되기도 했다.

인간은 죽을지는 몰라도 패배하는 것은 아니니까!

노인은 사자 꿈을 꾸었다.

* 이 책에 인용한 구절의 출전은 '문예출판사' 출간본입니다.

10. 노인과 바다

인간은
죽을지는 몰라도 패배하는 것은 아니니까!

• 국내 출간물 : 좌로부터 문예출판사, 민음사, 문학동네, 삼성출판사

　노인과 바다(The Old Man and the Sea)는 미국의 작가인 헤밍웨이 (1899-1961)가 자신이 12년동안 쓴 시를 줄거리 형태로 옮긴 것 입니다. 이 작품은 바다와 어부와 청새치와 상어가 벌이는 투쟁을 통해 인간의 실존과 고독의 문제를 깊이 있게 다루었고, 작품성을 인정받아 1953년에 퓰리처상 (Pulitzer Prize), 1954년에 노벨문학상을 받는 계기가 되었습니다.

•저자 : 헤밍웨이(1899-1961)

자연이라는 거대한 질서속에서 인간은 홀로 있거나 늙어가면 자유의지와 실존이 위협받습니다. 그러나 바다의 어부인 노인은 파도와 싸우고, 청새치와 싸우고, 상어와 싸우고, 주변의 고독과 싸우면서 인간의 위대한 투쟁정신을 보여줍니다. 〈노인과 바다〉가 갖는 미덕은 고독을 이겨낸 자유인의 모습을 발견하는 것이라고 하겠습니다.

1. 노인과 바다와 소년은 어떤 뜻인가요?

노인은 인간실존의 상징입니다. 바다는 실존을 무너뜨리는 고독의 표현입니다. 바다가 고독한 것이 아니라 인간이 바다에 대해 무기력해질 때 고독해 집니다. 바다는 인간을 한없이 고독하게 만듭니다. 노인은 거기에 굴복하지 않고 자기실존의 승리를 얻었습니다.

그들에게 바다란 투쟁의 상대였으며, 작업장이기도 하고, 심지어 적이 되기도 했다.

소년은 생을 이어가는 인간실존의 후예입니다. 소년은 노인이 실존하는 근거이고, 청새치와 상어는 바다가 인간을 고독하게 만드는 원인입니다. 소년이 노인과 대화하면서 '아버지는 신념이 없어요'라고 말하는데서 우리는 소년의 얼굴에서 노인의 미래를 발견합니다.

• 영화속 장면 : 〈노인과 소년〉(1958년 영화, 1999년 애니메이션)

〈노인과 바다〉는 이 두 개의 축으로 노인, 소년, 바다, 청새치, 상어를 통해 인간실존과 고독의 이야기를 다루고 있습니다. 고독은 늙어가는 것을 말합니다. 패배하는 것을 수용하는 것입니다.

노인은 자신이 죽지 않았고 고독에 무너지지 않는다는 자기실존의 확인을 위해 바다로 나갑니다. 물고기를 잡는 일은 어부에게 실존의 확인인 것입니다. 그리고 청새치와 치열하게 실존과 고독의 줄다리기를 하게 됩니다.

2. 숫자 84에는 어떤 의미가 담겨 있나요?

노인은 이제 100살에 가까운 나이를 먹었습니다. 바다에서 손을 놓고 쉬어야 하는 시기입니다. 그런데 노인에게 그것은 삶의 투쟁을 포기하라는 것을 말합니다. 자기실존의 포기는 패배이고, 그것은 고독이고, 절망에 이르는 길입니다.

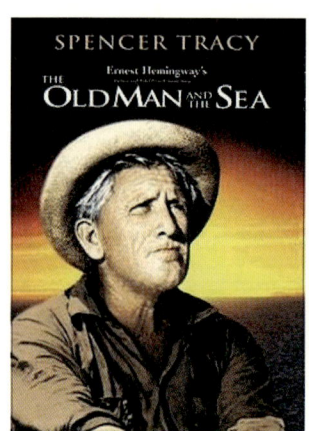 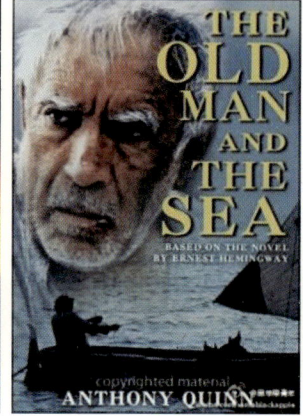 

• 〈노인과 바다〉 : 영화 포스터와 뮤지컬 포스터

노인은 84일동안 바다에 나가 한 마리의 고기도 잡지 못하였습니다. 그리고 다시 고기잡이에 나서 3일동안 청새치와 바다의 전쟁을 치룹니다. 이를 통해 우리는 84일이 고독과의 싸움을 상징한다고 볼 수 있습니다. 이제 3일은 패배를 극복한 노인의 실존적 승리를 말합니다. 그리고 노인의 미래에 아직 100일에서 많은 날이 남았습니다. 그 몫은 소년의 것입니다.

• 〈노인과 바다〉 : 실존을 상징하는 노인과 고독을 표현하는 바다

　이제 노인은 자신의 삶에서 남은 며칠 동안 실존의 확인에 나서게 됩니다. 늙는다는 것은 자연의 순환법칙이고 어떻게 막을 수 없지만 어부의 숙명인 물고기잡이는 삶의 존재 의미입니다. 실존인 것입니다. 그래서 멈출 수가 없습니다. 패배는 죽음이고, 존재의미의 상실이기 때문입니다.

3. 청새치는 무엇을 의미할까요?

인간 삶은 끊임없는 고독의 도전과 실존의 응전입니다. 청새치는 삶의 동반자이자 적이기도 합니다. 인간은 끊임없이 고독과 싸울 수 밖에 없는 존재입니다. 바다에서 청새치는 언제나 만나는 친구이자 적인 것입니다.

고기야,
너보다는 나에게 유리한 날씨가 되었구나.

청새치는 바다라는 공간에서 함께 사냥을 하는 동지이지만, 한편으로는 한 마리의 물고기를 놓고 싸우는 적이기도 하고, 노인에게 잡히는 운명의 패배자입니다. 노인은 청새치를 잡고 고독을 이겨낸 실존의 승리자가 되는 것입니다.

이보게 고기친구,
자네에겐 나쁜 소식이네.

•고기잡이 : 실존과 고독의 싸움을 상징

노인은 바다에 나가기전에 사자꿈을 꾸었습니다. 초원의 맹수이자 모든 짐승의 우두머리인 사자는 바다에서 굴복하지 않는다는 노인의 실존을 상징합니다.

이제 노인은 청새치와 삶의 여정을 놓고 대화를 하면서, 힘겨루기를 합니다. 그리고 입에서 떠나지 않는 말이 '소년이 옆에 있었더라면 좋을텐데'라고 합니다. 노인의 실존은 소년으로 이어진다는 암시입니다.

인간은
죽을지는 몰라도 패배하는 것은 아니니까!

•청새치 사냥과 항구로 귀환 : 고독을 극복하는 실존적 자아를 의미

4. 뼈만 남은 물고기는 소년의 몫

노인은 청새치를 뱃전에 묶고 의기양양하게 항구로 돌아옵니다. 상어떼가 냄새를 맡고 도전합니다. 이제 노인은 다시 고독과의 전쟁을 치릅니다. 상어에게 청새치를 빼앗기는 것은 어부로서의 자기실현과 실존이 무너지는 일인 것

입니다.

　노인은 여러차례 상어떼를 물리치고 승리를 얻습니다. 그는 '놈들과 싸우는 거다. 내가 죽을 때까지 싸우는 거다'라고 다짐합니다. 자정 무렵에 덤벼든 상어는 노인이 잡은 청새치의 머리를 물어 뜯습니다. 자정은 피곤에 지친 노인의 마지막 응전입니다. 머리통을 얻어맞은 마지막 상어는 청새치의 모든 것을 먹지는 못하였습니다.

　항구로 돌아온 노인은 깊은 잠에 빠졌고 소년은 할아버지에게 패배한 것이 아니라고 말해 줍니다. 그 청새치의 뼈는 어부인 노인이 자신의 실존을 확인한 빛나는 성과였으며, 소년에게 보여주는 노인의 미래였습니다.

•상어떼의 습격 : 일상에서 만나는 숱한 실존의 장애물을 상징

•뼈만 남은 청새치 : 삶의 존재이유를 상징

5. 인간의 존엄은 어디에서 오나요?

　노인은 청새치와 싸우면서 '인간은 패배하려고 태어난게 아니야. 죽으면 죽었지. 패배하는 법은 없어' 라고 중얼거립니다. 노인은 청새치와 싸우고, 그것을 가로채려는 상어와 싸웠습니다.

　인간고독의 실체는 수없이 인간의지를 시험하고 무너뜨리는 주변의 시선, 주변의 유혹과 더불어 소외에 대한 자신의 불안감을 이기지 못하는 패배주의에 있습니다.

　〈노인과 바다〉는 인간의 실존이 종교적 구원이나 타인의 배려에서 오는 것이 아니라 자기 삶의 현장에 있다는 암시를 던져주고 있습니다. 어부에게 실존과 고독의 양면성은 늘 바다에 있으며, 그것의 확인은 고기잡이인 것입니다.

길 위쪽 판자집에서는 노인이 다시 잠을 자고 있었다.
노인은 엎드려 잤다.
소년은 그 옆에서 노인을 지켜 보았다.
노인은 사자 꿈을 꾸었다.

•영화속 장면 : 과거(노인)와 현재(바다)와 내일(소년)을 상징하는 구도

현실과 일상은 자기실존의 마당입니다. 살아가는 과정에서 수없이 많은 고독이 삶의 여정을 가로막으려 할 것입니다. 이때에 우리는 〈노인과 바다〉를 들여다 봅니다. 그때마다 노인과 소년은 앞으로도 계속 어부로서, 우리 삶의 대행자로서, 고독을 이겨내는 자기실존이 승리하는 모습을 보여 줄 것입니다.

🌸 성찰과 사색의 몇가지 틈새

1) 노인은 어떻게 실존을 확인하나요?
2) 뼈만 남은 물고기는 무엇을 상징하나요?
3) 바다는 어떤 의미를 가졌나요?
4) 소년은 왜 노인의 미래인가요?

11 무엇을 할 것인가?

체르니셰프스키(1828-1889)

현실안주와 자아실현

체르니셰프스키는 〈무엇을 할 것인가〉의 작품속 주인공인 베라의 4번째 꿈을 통해 새로운 미래상을 구현한다. 자신의 사소한 이익이나 이기심을 승화시켜 타인을 배려하고, 타인을 고양시키고, 사회적 이기심으로 발전시켜 모두가 행복한 공동체의 건설이 바로 그것이다. 이는 문학을 통해 현실의 안주를 극복하고 내일의 희망을 만드는 변증법이다.

 한 줄 키워드로 읽는 〈무엇을 할 것인가〉

사랑, 노동, 협동조합, 페미니즘, 자아실현, 공동체

여자가 남자의 돈으로 살아가게 되면 그녀는 그에게 의존하게 돼요.

평등한 권리속에서만 나의 자유가 생기는 것이에요.

나는 우리 손으로 봉제조합을 시작하기로 결심했어요. 좋은 생각 아니에요?

* 이 책에 인용한 구절의 출전은 '열린책들' 출간본입니다.

11. 무엇을 할 것인가?

평등한 권리속에서만
나의 자유가 생기는 것이에요.

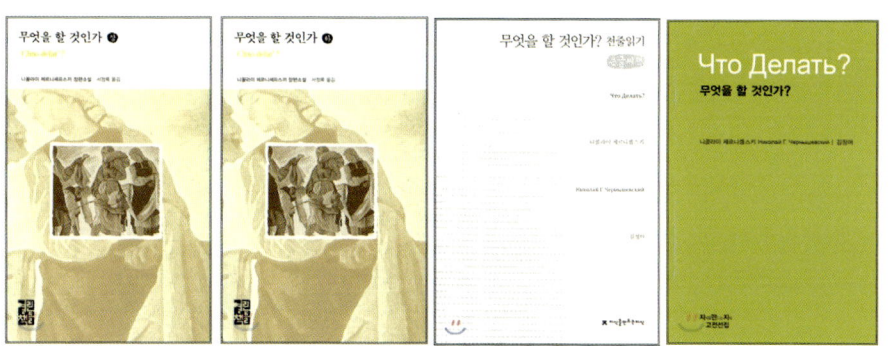

• 국내 출간물 : 좌로부터 열린책들(2), 지만지(2)

　1860년대를 대표하는 러시아의 사상가, 작가이면서 혁명적 민주주의를 부르짖은 체르니셰프스키(Chernyshevsky, 체르니솁스키, 1828-1889)의 1863년도 작품이 〈무엇을 할 것인가〉입니다.

　러시아 근대문학의 아버지라 불리우는 푸시킨(1799-1837)의 사상적 동지이자 계승자인 그는 진보적이고 급진적인 잡지 〈동시대인(1836년 창간)〉의 편집

장으로 러시아의 혁명적 민주주의 사상을 고취하는데 앞장 섰습니다.

•저자 : 체르니셰프스키(1828-1889)

이른바 〈브 나르도 운동(인민속으로)〉의 선구자였던 체르니셰프스키는 1862년에 투옥되어 감옥에서 이 작품을 썼고, 이듬해부터 1883년까지 시베리아로 유배를 당하였습니다. 러시아 혁명을 주도한 레닌은 이 작품을 통해 1917년 러시아혁명의 깃발을 들었으며, 혁명의 조직과 실천을 다룬 같은 이름의 혁명이론서인 〈무엇을 할 것인가〉를 저술하였던 것입니다.

1. 나르도니키들의 꿈은 무엇일까요?

프랑스의 황제 나폴레옹이 퍼트린 민족주의와 계몽사상은 낙후한 러시아의 지식인과 청년들을 광풍의 중심으로 끌어 들였습니다. 나폴레옹과 프랑스대혁명의 전파를 막고자 형성된 비인체제(1815-1848)에서 승전국인 러시아는 귀족자제와 지식인, 장교들을 프랑스 파리에 주둔시킵니다.

그런데 이들은 오히려 프랑스의 혁명사상에 물들기 시작하였고, 고국으로 귀환하여 데카프리스트 반란(1825년. 12.14)을 일으킵니다. 비록 낭만적이고 무계획적인 이들의 꿈은 스스로 말하듯이 낙관적인 패배였습니다.

러시아 전제정치에 반대하거나 저항한 러시아 민중-지식인운동			
카자흐 전사	인텔리겐챠(지식인)	나르도니키	볼세비키
푸가초프의 난 (1873-1875)	데카프리스트 반란 (1825)	브 나르도 운동 (1873)	공산혁명 (1917)

유럽에서는 노동자들의 권리선언인 공산당선언(1848년)이 발표되었고, 1853년에는 러시아와 투르크의 크림전쟁이 일어났습니다. 변화를 거부한 러시아도 결국 1861년에 농노해방령과 토지개혁령을 발표합니다.

그렇지만 노예상태에서 풀려난 러시아 민중은 여전히 노예상태에 머물렀고, 많은 이들이 그것을 탈피할 생각을 하지 않았으며, 새로운 사회와 사상과 변화를 받아들이지 못하였습니다. 그래서 일어난 운동이 1873년부터 시작된 '브 나르도(인민속으로, 민중속으로, 농촌속으로)' 입니다.

나르도니키(인민주의자)들이 시작한 '브 나르도 운동'의 주창자인 체르니셰프스키는 그리스 성인 남자들만 참여하는 민주주의를 넘어, 계몽사상으로 이루어진 대의 민주주의를 넘어, 경제적 요구조건을 내건 사회적 민주주의를 넘어, 이른바 인민들이 자주적이고 주체적인 역량을 기르고, 비합법적 수단으로 권력

• 19세기 러시아의 현실을 묘사한 기록화

을 탈취하는 혁명적 민주주의, 이것만이 러시아를 구할 수 있다고 믿었습니다. 그리고 그 사상의 무기이자 실천 교과서인 〈무엇을 할 것인가〉를 세상에 내놓게 됩니다.

2. 베라, 운명의 굴레에 갇히다!

체르니셰프스키의 〈무엇을 할 것인가〉는 문학적 완성도가 뛰어난 작품은 아닙니다. 혹평을 하는 이도 많습니다. 하지만 유려한 필치의 다른 문학작품들이 이 작품보다 영향력이 있다거나 감동을 주는 것도 아닙니다.

개별적인 각각의 작품은 모두 시대적인 배경과 사회적 역할을 지닌채 세상에 나오고, 그것을 받아들이는 당대의 사람들에 의해 평가되거나 의미를 갖게 됩니다. 이 책이 문학적 완성도에 비해 훨씬 높은 사회적 평가를 받는 이유는 러시아의 역사, 나아가 세계 민중의 역사를 바꾸었기 때문입니다. 그럼 이제 이 책의 세계로 들어가 볼까요?

〈무엇을 할 것인가〉 등장인물표		
기본 이름	다른 이름(이칭, 애칭)	관련 인물
•여주인공 마샤(베라 빠블로브나)	베로치까 베르까	마리아 알렉세예브(어머니) 빠벨 콘스탄찌노비치 로잘스키(아버지) 표도르(남동생)
•마샤의 남편 로뿌호프(드미뜨리 세르게이치)	미쨔	알렉산드로 마뜨베이치 끼르사노프 (미쨔의 친구, 마샤의 두 번째 남편)
•마샤의 결혼상대자 미첼(미하일 이바노비치 스또레쉬니코프)	미쉬카	안나 빼뜨로브나(어머니)

- 알렉세이 빼뜨로비치(이상주의자, 브 나르도운동의 선구자), •메르깔로프(신부, 이상주의자),
- 쥘리(프랑스여인, 페미니스트), •세르주(쥘리의 애인, 자유주의자),
- 나르첸까(봉제조합원, 이성애와 동지애의 모델), •라흐메또프(이상주의자)

베라 빠블로브나의 교육은 매우 평범했다. 그러나 그녀가 의대생 로뿌호프를 알기 전까지 그녀의 생활은 특별히 훌륭하진 않았지만 남달랐다. 그때 그녀의 행동에는 비범한 것이 보이곤 했다.

베라 빠블로브나는 보통의 러시아 아가씨들과는 무엇인가 다르게 생각했습니다. 부모가 정해준 남자를 만나 결혼하고, 남편을 뒷바라지하며 자식을 낳고 살아야 하는 현실에 고통스러워 했습니다. 베라는 자신의 이런 처지를 '지하실'이라고 부르며, 이런 환경을 벗어나고 싶은 남다른 생각은 하였지만 그렇다고 평범을 뛰어넘는 혁명적 결단은 하지 못했습니다.

귀여운 베르치까. 그 애는 최고의 패에요!

그때 남동생의 가정교사로 들어온 의대생 로뿌호프를 만나게 되면서 새로운 세상에 눈을 뜨기 시작합니다. 모성애를 앞세운 어머니의 회유, 착하고 현숙한 아내를 구하는 미하일 이바노비치(미첼)의 세계속에서 베라 그녀의 자유는 없었습니다. 그래서 그녀는 자신만의 방식으로 시대의 관습과 현실의 굴레를 벗어던지고 자유의 모험을 찾아 떠납니다.

나는 그와 결혼하지 않을 거에요. 내 동의 없이는 나와 결혼할 수 없어요.

3. 베라, 사랑에 눈을 뜨다!

운명의 격랑에서 헤매이던 베라를 지하실에서 구하게 되는 로뿌호프는 가난한 의대생입니다. 그는 같은 처지의 끼르사노프와 한 방을 쓰면서 생활비를 아끼는 자립성이 강하고, 세상을 선하게 만들려는 정의로운 청년이기도 하였습니다. 그런 그가 베라의 집에 가정교사로 오게 됩니다. 운명의 장난이 아닌 현실의 우연인 것이지요.

부(富)를 거부했고, 즐거움을 거부했으며, 병원에 가만히 앉아 있는 대신에 과학적으로 흥미있는 개구리 해부학 실험에 열중했다.

로뿌호프는 처음에 그녀의 눈빛을 보고 '탈출구가 없는 여인이 신분상승을 위해 귀족이나 부자에게 시집가는 꿈'을 꾸면서 가난한 남자를 경멸하는 차가운 여자라고 생각했습니다. 그런데 베라(마샤)가 춤을 좋아하는 것을 보고, 서서히 그녀를 다시 보게 됩니다. 이제 춤이 운명적으로 두 사람의 사랑을 이어준거죠.

나는 이 세상에서 가난한 사람이 단 한 명도 없기를 바라는 그들의 소망에 전적으로 공감합니다. 언젠가 이 소망이 실현 될 것입니다. 조만간에 우리는 가난한 사람이 아무도 없는 그런 행복한 삶을 살게 될 것입니다.

로뿌호프는 베라(마샤)에게 자신이 생각하는 꿈을 말합니다. 그리고 이어서 '이 가난한 이가 아무도 없는 세상이 언제 올지는 나의 신부에게 말한다' 고 합니다. 그녀가 누구일까 궁금해 하는 베라(마샤)에게 희망의 빛이 온 것이지요. 나의 신부는 베라였습니다.

그는 아주 똑똑한 신부를 갖고 있는거야! 그런데 그녀는 누구일까? 알아야만 해. 꼭 알게 될 거야! 더 이상 가난이 없게 된다라는 것은 정말 좋은 일이야. 그때에는 사람들이 서로 억압하지 않을거야. 모든 사람들이 즐겁고 친절하고 행복할거야!

두 사람의 감정을 묶어주는 끈이 세상에 나온 것입니다. 그리고 서로의 감정을 눈치채고, 서로에게 진정한 이익이 무엇인지 고민하고, 나아가 개인의 감정에 충실한 것을 뛰어넘은 사회적 사랑으로 맺어지게 됩니다.

보세요. 내 소중한 사랑. 당신은 나를 지하실에서 해방시키고 있는 거에요. 당신은 정말 똑똑하고 친절한 사람이에요. 그런데 어떻게 나를 해방시킬 생각을 했어요?

당신과 처음으로 춤을 췄을 때입니다. 그때 그것을 생각했어요.

4. 베라, 지하실을 탈출하다!

베라는 결혼이 자유를 가져온다고 믿었습니다. 수많은 사색이 그녀의 영혼을 단련시켰습니다. 그녀는 이상적인 결혼관계를 그리면서 로뿌호프에게 경제적인 활동을 해야 한다고 말합니다.

돈이 모든 일의 근본이라고 말한 건 당신이에요. 드미뜨리 세르게이치. 또 돈을 갖고 있는 자만이 힘을 갖고 있고 권리를 갖고 있다고 당신 책에 씌어 있었어요. 여자가 남자의 돈으로 살아가게 되면 그녀는 그에게 의존하게 돼요. 그렇지 않아요?

그는 베라에게 왜 그런 생각을 하느냐고 묻습니다. 그리고 부드러운 여자이길 원한다고 말합니다. 베라는 당당하게 자신의 의견을 말하면서 남자의 속마음에 있는 생각을 읽었습니다. 먼 훗날에 일어날 갈등과 분열과 결과의 예측인 것입니다

아아! 이 교활함! 그는 전제군주처럼 군림하고 싶은거야. 내가 자기의 노예가 되기를 원하고 있어! 정녕 그럴 수는 없어.

드미뜨리 세르게이치, 무슨 말인지 모르시겠어요?!

나는 당신이 내 위에 전제군주로 군림하도록 내버려 두지 않을 거에요! 당신은 자비롭고 친절한 전제군주가 되기를 원할지 모르지만 나는 그걸 용납하지 않을 거에요.

베라는 로뿌호프와 이상적인 결혼의 전제조건으로 3가지를 요구합니다. 여성주의 역사에서 하나의 커다란 전환점을 긋는 사건입니다. 여성이 자신만의 시간과 공간과 의견을 갖는 것, 베라는 지하실에서 탈출한 것입니다. 하지만

그녀의 미래와 영혼이 구원을 받았는지는 아직 미정입니다.

① 개인의 존중	② 상대의 존중	③ 타인의 존중
각자 개인 방을 갖는다	상대의 방에 함부로 들어가지 않는다.	서로의 일에 간섭하지 않는다.

베라는 결혼을 통해 자유를 얻었습니다. 그리고 서로를 존중하는 3가지 요구조건도 말했습니다. 두 사람은 이상적인 결혼을 시작한 겁니다. 하지만 보이지 않는 장애물이 나타나는데 얼마 걸리지는 않았습니다.

그런데 그런 생각을 당신에게 가르쳐 준 게 정말 누구입니까?

• 한국과 중국의 브 나르도운동 : 최용신, 윤봉길, 동아일보 기사, 모택동(마오쩌둥)

11 무엇을 할 것인가? •• 147

단 하나 변한게 있어요. 나의 밀렌끼. 내가 지하실에서 나와 자유를 만끽하고 있다는 사실이에요.

5. 평등은 어떻게 오는가요?

베라는 결혼을 통해 안락을 얻는 보통의 여자이기를 거부합니다. 남편의 경제력에 의존하는 여자에게 평등은 애초에 기대할 수 없다고 생각합니다. 사랑하는 사람과 결혼을 통해 그녀는 지하실 탈출이라는 첫 번째 꿈을 이루었고, 이는 초보적이지만 여성주의의 시작이었습니다.

나는 우리 손으로 봉제조합을 시작하기로 결심했어요. 좋은 생각 아니에요?

베라는 평생을 함께 노동하고 이익을 나누고 공동체를 꾸려나갈 실천의 길로 나섭니다. 그녀의 두 번째 꿈은 노동과 이익의 공유였습니다. 그녀는 공장을 차리고 재봉사들에게 자신의 구상을 말합니다. 새로운 체제로 공장을 움직이는 노동의 해방, 경제적 독립을 통한 평등의 꿈이 시작되었습니다.

나는 재봉사 여러분이 벌어들인 이윤을 바로 여러분에게 나누어 드리기 위해서 봉제공장을 세웠습니다.

상여금과 퇴직금을 주고, 공장의 관리권을 노동자가 갖고, 이윤을 공유하고, 탁아를 실시하는 꿈같은 공동체를 그녀는 말하고 있습니다. 물론 당시에 이것이 실현되는 현실은 아니었지만, 체르니셰프스키가 베라를 통해 구현하고자 하는 새로운 러시아의 미래, 노동이 억압되지 않는 이상적인 사회상은 바로 노동공동체라는 사실입니다.

6. 진정한 사랑은 무엇일까요?

그런데 내가 그를 사랑하는 것은 혹시 그가 나를 지하실에서 빠져 나오게 한 때문은 아닐까? 그게 아니라 단지 지하실로부터 나의 해방을?

베라 빠블로브나는 세 번째 꿈을 꿉니다. 어느날 갑자기 잦은 고독감을 느꼈습니다. 그리고 알았습니다. 베라는 로뿌호프에 대한 사랑이 지하실의 해방이란 것, 그 이상은 아니라는 사실입니다. 베라는 드디어 자기실현의 길을 가려고 합니다. 이때에 그녀는 로뿌호프의 친구인 알렉산드로 마뜨베이치 끼르사노프와 사랑에 빠집니다.

여기서 우리는 체르니셰프스키가 설정하는 타인에 대한 배려를 하는 합리적 이기주의, 사랑을 통해 타인을 성장시키는 지성, 그리고 사랑의 성취를 넘어 자아실현의 높은 이상을 실현하려는 인간상을 발견합니다.

권태라는 것은 한낱 환상일 뿐이에요. 그건 살아있는 현실 속의 인간이 아니라 환상 속으로 도망쳐 버린 상처받은 몽상가들에게나 있을 뿐이에요.

그녀의 세 번째 꿈은 진정한 사랑과 이를 통한 자기실현이었습니다. 첫 남편 로뿌호프는 그녀를 위해 남편의 자리를 버립니다. 베라는 두 번째 남편 끼르사노프와 결혼을 하고 1년이 지난 어느날 의학을 공부하기로 결심합니다.

사랑과 의학공부가 그녀를 새로운 해방의 길로 이끈 것입니다.

• 체르니셰프스키의 무덤과 동상

꿈을 이루기 위한 베라 빠블로브나의 자아실현 4단계			
1단계 : 결혼	2단계 : 노동	3단계 : 학업	4단계 : 미래상
지하실 탈출	경제적 자립	자아의 성취	공동체 사회

현실에서 그런 사람을 과연 몇 명을 만날 수 있을까 회의는 들지만, 이 작품에서 우리는 혁명적 민주주의의 이상적인 인간상을 창출하려는 체르니셰프스키의 목적지향적 문학관을 다시 보게 됩니다.

베라와 로뿌호프의 헤어짐은 비극적이거나 퇴보적인 사랑의 결말이 아니라 한 인간을 더욱 진보적으로 발전시키는 변증법적 작용을 일으킵니다. 완전한 독립이 없는 사랑은 공허하며, 경제적 희망이 없는 미래는 암흑이라는 진실을 우리는 느낄 수 있습니다.

7. 무엇을 할 것인가?

체르니셰프스키는 베라의 4번째 꿈을 통해 새로운 미래상을 구현합니다. 자신의 사소한 이익이나 이기심을 승화시켜 타인을 배려하고, 타인을 고양시키고, 사회적 이기심으로 발전시켜 모두가 행복한 공동체의 건설이 바로 그것입니다.

• 〈무엇을 할 것인가〉의 정치적 영향 : 레닌의 러시아혁명(1917년)

대지는
찬란하게 빛나고
태양은 반짝이며
초원은 미소짓네!

사랑이 없는 인간의 삶, 결혼이 모든걸 해결해 준다는 낙관적 퇴보성을 비판한 체르니셰프스키는 결혼과 제도 등 현실적 욕망이 개별 인간의 자아실현과 독립성을 키어주고 사회적인 차원으로 합치될 때 이상적인 공동체는 현실이 된다고 믿었습니다.

> 태양이 떠오르면 그림자가 불러가듯
> 어둡고 괴로웠던 마음은 사라지리라.
> 빛과 따스함과 진한 꽃 향기가
> 어둠과 절망을 몰아내리니
> 타락과 부패의 냄새는 사라지고
> 장미의 향기가 온 천지에 진동하리라!

베라, 로뿌호프, 까르사노프, 라흐메또프 등은 러시아 청년들이 앞으로 만들고 이끌어 나갈 러시아의 미래를 상징하는 인간상입니다. 협동조합, 이윤의 공유, 진정한 사랑, 완전한 독립, 이런 과정을 통해 온전한 자아실현을 완성시키는 인간상은 바로 혁명적 민주주의의 시민들인 것입니다. 그리고 혁명적 작가들이 꿈꾸었던 러시아의 미래상입니다.

● 성찰과 사색의 몇가지 틈새

1) 베라는 어떻게 지하실을 탈출했나요?
2) 부부의 평등한 관계는 어떻게 오나요?
3) 완전한 독립의 조건은 어떤건가요?
4) 베라의 4단계 자아실현은 무엇인가요?

12 백년 동안의 고독

마르케스(1927-2014)

역사와 문명의 고독

〈백년 동안의 고독〉은 가장 이상적인 낙원이며 현실속의 생활공간인 '마콘도'를 건설한 호세 아르카디오 부엔디아와 우르슬라 이구아란, 이들이 결혼하고 형성한 부엔디아 가문의 5대에 걸친 흥망성쇠를 담고 있다. 그런데 5대에 걸친 자신들이 모두 조상들의 이름을 따거나 줄여서 쓰고 있다. 이것은 과거의 전통에서 미래를 건설하는 어떤 지식이니 경험을 전승하지 못하고 점차로 쇠락하거나 퇴보하는 것을 상징한다. 이것이 바로 역사의 고독이며, 작품의 전반에 흐르는 고독의 근원이다.

 한 줄 키워드로 읽는 〈백년 동안의 고독〉

역사의 고독, 자폐증, 마콘도, 마술적 사실주의, 콜롬비아

이것이야말로 세상에서 가장 뛰어난 발명품이다!

비는 4년 11개월 이틀동안 계속 내렸다.

마지막으로 한차례 소란을 치르는 사이에, 집에서 관을 들어대던 어설퍼 보이는 주정뱅이들이 실수를 해서, 그들은 서로 무덤이 바뀐채 묻히고 말았다.

* 이 책에 인용한 구절의 출전은 '문학사상사' 출간본입니다.

12. 백년 동안의 고독

이것이야말로
세상에서 가장 뛰어난 발명품이다!

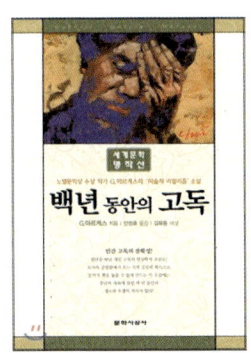  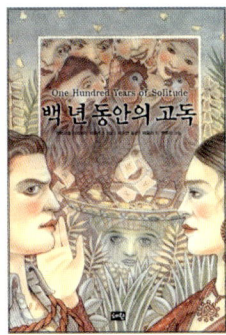 

• 국내 출간물 : 좌로부터 열린책들, 하서, 혜원출판사, 홍신문화사

   백년 동안의 고독(Cien anos de soledad)은 1967년에 세상에 나온 이래 무려 32개국 언어로 번역되었으며, 중남미 전통의 마술적 사실주의(Magic Realism) 문학을 세운 콜롬비아 작가인 마르케스(1927-2014)는 1982년에 노벨문학상을 받았습니다.

이 작품은 역사와 전통으로부터 고립되고 희망을 찾지 못하는 개인과 사회와 국가는 역사적 고독에서 자유롭지 못하다는 사실을 현실과 신화의 경계를 넘나드는 중남미 전통의 신화적 사유체계인 마술적 사실주의라는 언어로 보여주고 있습니다.

1. 마술적 사실주의는 무엇을 말하나요?

•저자 : 마르케스(1927-2014)

　마르케스의 〈백년 동안의 고독〉은 마술적 사실주의라는 기법으로 구성된 작품입니다. 현실과 환상, 사실과 허구가 현실의 한계를 넘어 시공간을 자유롭게, 과거와 현재와 미래를 드나들며 자유롭게 그려지고 있습니다.

비는 4년 11개월 이틀동안 계속 내렸다.

근대사회의 이념적 지표라고 할 수 있는 계몽과 이성은 과학과 실증이란 이름으로 인간의 신화적 세계, 전통적 사유체계를 무너뜨렸습니다. 고루하고, 퇴보적이고, 비현실적이고, 미신적이란 이유로 그런 생각이나 신념이나 믿음을 가치가 없는 것이라 하였습니다. 마르케스는 서구의 문학관, 서구의 세계관을 거부하였고, 이 작품은 서구유럽 중심의 소설적 기법이나 경향을 무너뜨린 기념비적인 사건이었습니다.

아우렐리아노는 어머니의 뱃속에서 울고 있다가 눈을 뜬 채로 태어났다.

중남미의 마술적 리얼리즘은 토속적인 인디언 신화소(神話素)에 바탕을 두고 있습니다. 마찬가지로 우리 나라, 우리 겨레도 우리의 신화와 설화와 전설과 민담과 정서적 언어가 있습니다.

예를 들면 아주 아주 오래전 호랑이가 담배 피던 시절, 하늘에서 내려온 환웅과 곰의 혼인, 해모수와 하백의 도술대결, 알에서 태어난 주몽이 강을 건널 때 물고기와 자라가 다리를 만들어 준다는 이런 신화적 언어를 떠올리게 합니다.

아마란타 우르술라는 남편의 목에 밧줄을 메어 끌고 12월의 천사들과 함께 바다를 건너 돌아왔다.

이와같이 신선이 나오고, 용왕이 나오고, 귀신과 도깨비의 세계가 구현되는 우리의 문학세계를 이해한다면 이 〈백년 동안의 고독〉에서 전개하는 마술적 리얼리즘이 그다지 낯설지는 않을 것입니다.

12 백년 동안의 고독 •• 157

2. 복잡한 가계도는 고독의 상징이다

이 작품에서는 전반에 고독이 흐르고 있습니다. 실존적 자아를 상실할 때 인간은 고독해 집니다. 사회나 집단도 그들의 사유체계나 정서적 언어, 토속적 표현을 상실하면 역사적 고독에 쌓입니다.

〈백년 동안의 고독〉은 가장 이상적인 낙원이며 현실속의 생활공간인 '마콘도'를 건설한 호세 아르카디오 부엔디아와 우르슬라 이구아란, 이들이 결혼하고 형성한 부엔디아 가문의 5대에 걸친 흥망성쇠를 담고 있습니다.

그런데 5대에 걸친 자신들이 모두 조상들의 이름을 따거나 줄여서 쓰고 있습니다. 이것은 과거의 전통에서 미래를 건설하는 어떤 지식이나 경험을 전승하지 못하고 점차로 쇠락하거나 퇴보하는 것을 상징합니다. 이것이 바로 역사의 고독이며, 작품의 전반에 흐르는 고독의 근원입니다.

3. 고독의 근원은 어디에서 오나요?

여기서 우리는 개인적 실존의 고민에서 오는 고독과 절망과 죽음에 이르는 인간실존의 두려움에 대한 이야기를 할 필요성이 생기게 됩니다.

마콘도는 스페인이라는 외세에 정복당한 중남미인들이 스스로 만든 문명입니다. 하지만 이곳은 과학적인 세계에 대한 지식과 경험도 없고, 미래건설에 대한 어떤 제안이나 희망도 없는 폐쇄적 공간입니다.

•〈백년 동안의 고독〉의 가계도

• 〈백년 동안의 고독〉 : 중남미 세계의 역사적 고독을 상징

3월에 집시들이 돌아왔다. 이번에 그들은 망원경과 북만큼이나 큼지막한 확대경을 가져와 암스테르담의 유태인들이 최근에 발명한 것이라고 선전하면서 보여주었다.

이것이야말로 세상에서 가장 뛰어난 발명품이다.

망원경이나 돋보기도 이해를 못하였고, 처음보는 얼음을 가장 위대한 발명품이라 여기는 이들에게 마콘도의 미래는 암울한 기대치일 뿐입니다.

바로 과거부터 현실에서 미래까지 어느 것도 희망을 건설하는 역사적 경험이 없을 때 고독은 근본적으로 치유될 수 없음을 보여주고 있습니다. 그 시간이 길어질수록 병적인 쇠퇴는 더욱 깊어지는 것이고, 마르케스는 이 작품에서 그 시간적 거리를 100년으로 말했습니다.

4. 100년의 시간은 무엇을 의미하나요?

마르케스의 〈백년 동안의 고독〉은 혈연적으로 근친간의 결혼으로 몰락하는 가문의 이야기를 담고 있습니다. 근친상간은 현실적인 남녀간의 혼인, 가문의 계승이라는 의미로 읽어서는 안될 것입니다.

이것은 마르케스가 환상적 사실주의의 기법으로 무너지는 전통사회와 기대할 수 없는 미래를 그리고 있을 뿐입니다. 따라서 이 책을 읽을 때 등장하는 인물의 이름을 외다가 내용을 놓쳐버리는 일은 하지 않아도 될 것입니다.

•역사와 문명의 고독 : 중남미 문명의 소멸과 스페인 문명의 침략

그렇다면 근친상간은 어떻게 읽어야 할까요? 그건 바로 폐쇄적인 사회의 자폐증을 상징합니다. 그리고 이 자폐증은 문명의 전통을 잃은 중남미, 더 깊게 말한다면 콜롬비아를 상징합니다.

중남미는 본래가 인디언들의 마콘도였습니다. 그러나 스페인 등 유럽의 침략자들이 낙원을 무너뜨리고, 살아남은 자들이 새로 건설한 곳이 작품에 등장하는 '마콘도'라고 보면 될 것입니다. 여기에 등장하는 집시 멜키아데스, 프랜

시스코 현인, 드레이크, 바나나 공장 등은 모두가 외부의 침략자를 상징하겠지요.

그리고 죄없는 그 샛노란 기차는 마콘도에 수많은 불안과 확신을, 기쁘거나 슬픈 수많은 순간들을, 그토록 많은 변화와 재앙을, 그리고 옛 시절에 대한 한없는 그리움을 가져다 주게 되었다.

역사적으로 본다면, 콜롬비아는 1810년에 독립을 쟁취하였지만, 이것은 신화적 왕국, 전통적 사회의 복원이 아닌 근친상간으로 상징되는 또 다른 자멸의 길을 말합니다. 문화적 이종교배가 이루어지지 않고, 동종교배에 의한 몰락, 그리고 이어지는 외부문화의 일방적 침략과 지배는 자폐증을 더욱 심화시키는 요인입니다.

그리고 19세기에 열풍처럼 일어난 새로운 공화국의 건설, 역사의 경험과 전승이 부재한 사회, 행복과 기대에 찬 마콘도라 여긴 대공화국 콜롬비아는 스스로 새로운 희망을 만들어 가기에는 역부족이었으며, 희망을 잃은 수많은 반란의 결과도 철부지 같은 장난으로 그치게 되고, 이때부터 100년은 역사의 경험을 잃어버린 사회의 고독으로 표현되고 있습니다.

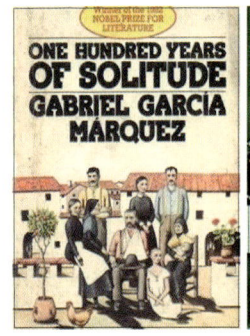 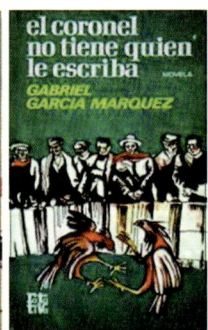  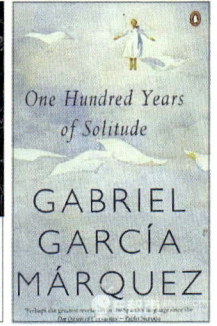

• 여러 나라에서 출간된 〈백년 동안의 고독〉 표지

아우렐리아노 부엔디아가 이 원고를 해독하게 되는 순간부터 마콘도는 인간의 기억에서 영원히 사라질 것이며, 여기에 적힌 글들은 영원히 어느때에도 다시 되풀이 될 수 없을 것이다. 그것은 100년동안의 고독에 시달린 종족은 이 세상에 다시 태어날 수 없다고 적혀 있었기 때문이다.

5. 역사는 고독을 치유할 수 있나요?

문명을 등진 작품속의 마콘도는 자기들만의 낙원이고 버려진 땅에 바보들이 우스꽝스런 무지(無知)로 이룩한 세계였습니다. 이들에게 빛나는 조상의 신화는 자기멸망과 스페인의 침략으로 단절되었고, 현재는 서구자본의 유입으로 자력갱생(自力更生)의 원동력마저 상실되었습니다.

중남미인, 그리고 콜롬비아인에게 그들의 역사는 처절한 과거의 묻힌 전설일 뿐이었고, 현실속에서 마술적 사실주의의 정서적 언어로 살아나지 못하였습니다. 처절하게 무너진 공동체의 기반과 지속적 수탈과 지배와 억압을 당한 개인은 모두가 고독한 주체들이었습니다. 사회가 고독하기 때문에 개인의 고독은 구원을 받을 수가 없는 것입니다.

전통에서 현재의 모순을 극복할 '희망'이 없을 때 역사는 고독합니다. 중국은 과거의 찬란한 중화문명에서 자신들의 미래를 구상하였고, 우리의 경우에는 근대의 모순을 해결하기 위해 고조선의 단군에서 그 열쇠를 찾기도 하였으며, 독자적인 문명과 제국의 경험을 지닌 고구려에서 희망이 씨앗을 얻기도 하였습니다.

가장 약소국이면서 변방이었지만 고구려와 백제를 통합하고 삼국통일의 꿈을 실현한 신라에서, 아니면 철학국가를 꿈꾸었던 조선에서 한가닥의 기대조차 할 수 있습니다. 그리고 이것이 근대의 질곡을 넘어 현대의 한국을 만든 역사

• 역사에서 찾는 희망의 근거 : 한국(참성단, 단군 어진)과 중국(황제 헌원)

의 원천이라고 할 수 있습니다. 그런데 콜롬비아는 그런 대안과 희망이 없는 역사의 고독한 존재였습니다.

6. 어디에서 희망을 찾을수 있나요?

멜키아데스의 예언이 담긴 양피지에 따르면 문명의 자폐증을 앓고 있는 마콘도의 마지막 인물은 돼지꼬리를 달고 세상에 나옵니다. 그리고 양피지의 예언을 해독하는 순간에 낙원은 신기루처럼 사라집니다. 근친상간의 자폐증으로는 더 이상 희망과 미래가 없다는 암시지요.

마지막으로 한차례 소란을 치르는 사이에, 집에서 관을 들어대던 어설퍼 보이는 주정뱅이들이 실수를 해서, 그들은 서로 무덤이 바뀐채 묻히고 말았다.

마르케스는 인디언 전통사회를 마콘도로 상징했습니다. 그리고 이것은 내부문명의 폐쇄성과 상호파괴로 자멸했습니다. 그나마 기억할 수 있는 역사의 경험조차 스페인 침략자들에 의해 철저하게 단절되었습니다. 그리고 다시 문명을 재현한 것이 부엔디아 가문으로 상징되는 콜롬비아의 현실, 새로운 마콘도였습니다.

자기문명의 자폐증은 어떻게 치유하나요?			
자기문명의 상실	문명의 재현 (마콘도)	문명의 파멸 *근친간 혼인	문명의 희망 (과거-현재의 처절한 단절)
외부문명의 침략			
자기문명의 자폐			

그렇지만 콜롬비아와 새로운 마콘도도 역시 전통적 마콘도와 마찬가지로 국가주의, 내전, 부패한 관리 등의 제도적 허점으로 결코 문명의 미래로 나아가지 못하였습니다. 돼지꼬리 달린 아이의 탄생이 이를 말합니다. 철저하고 처절하게 무너진 마콘도, 100년에 걸친 고독의 모습이었습니다.

그렇다고 절망하거나 포기할 필요는 없을 것입니다. 마르케스가 이 작품을 쓸 때 한가닥 희망의 실마리를 남겨 주었을 것이니까요. 그렇다면 희망이 아주 사라진 것은 아닙니다.

역사에서 고독을 치유할 경험이나 전승이 없을 때, 외부문명에서도 찾을 수 없을 때, 이제 과거와 현재를 넘어서는 새로운 사상과 희망이 필요합니다. 과거와 미래의 결합이 부재하거나 불가능하였던 콜롬비아는 도대체 어디에서 대

• 쿠바의 피델 카스트로와 저자인 마르케스

안을 찾을 수 있을까요?

작품에서는 언급이 없지만, 20세기 중반에 세계의 지성, 수많은 혁명가들의 가슴을 울린 쿠바혁명이 이들에게 희망의 근거는 아닐까요? 마르케스도 카스트로가 만든 쿠바에서 희망의 끈을 찾지 않았을까요? 여전히 이 문제는 정답이 없습니다. 다만 그렇게 추측할 뿐입니다. 그렇다면 질문 하나, 오늘 쿠바의 모습은 어떤가요?

❀ 성찰과 사색의 몇가지 틈새

1) 100년의 시간은 무엇을 말하나요?
2) 역사에 대한 기억이 왜 고독할까요?
3) 문명의 자폐증은 어떻게 치유가 가능할까요?
4) 100년의 고독을 뛰어 넘는 내일은 있을까요?

13 나의 라임 오렌지나무

바스콘셀로스(1920-1984)

성장통과 가족애

주인공 제제는 가난한 집안과 무능한 아버지를 원망한다. 어른들은 크리스마스에 태어난 착한 아기 예수가 세상의 모든 이들을 구원한다고 말하는데, 브라질 방구시의 아이들은 그런 아기 예수가 아니었다. 크리스마스에 선물조차 받을 수 없는 가난한 집의 자식들이고, 제제도 그런 아이의 하나였다. 이 작품은 사춘기와 성장통을 겪는 제제의 이야기이다.

 한 줄 키워드로 읽는 〈나의 라임 오렌지나무〉

악동, 카페친냐, 철부지, 성장통, 사춘기, 가족애

때로는 크리스마스에도 악마같은 아이가 태어난다!

밍기뉴는 제 라임 오렌지나무에요.
그 얘가 굉장히 맘에 들면 슈르르까라고 불러요

아기 예수는 슬픔속에서 태어났다!

* 이 책에 인용한 구절의 출전은 '문예출판사' 출간본입니다.

13. 나의 라임 오렌지나무

밍기뉴는 제 라임 오렌지나무에요.
그 얘가 굉장히 맘에 들면 슈르르까라고 불러요

• 국내 출간물 : 좌로부터 동녘, 동서문화사, 일신서적, 청목

　이 책을 지은 바스콘셀로스(Vasconcelos, 1920-1984)는 남아메리카 브라질의 '리우 데 자네이루'에 속하는 방구시에서 태어났습니다. 집안이 가난하여 대학교 2학년 시기에 의학공부를 그만두고 생계를 위해 바나나 배달, 카페 종업원, 막노동을 하였으며, 초등학교 교사도 지냈습니다.

　여러 곳에서 여러 가지 일을 하면서 배우고 익힌 경험과 오랜 독서, 그리고

•저자 : 바스콘셀로스(1920-1984)

여행은 철저하게 체험에 입각한 글쓰기를 하는 바탕이 되었습니다. 바스콘셀로스의 작품은 그래서 서정성과 토착성이 돋보입니다.

그의 대표작인 〈나의 라임 오렌지나무〉도 브라질 민중의 각박한 삶과 가난하지만 따뜻한 마음을 지닌 사람들, 그리고 주인공 제제를 통해 청소년 시기의 아픔과 성장을 그린 인문적 성찰이 빼어난 작품이라 하겠습니다.

1. 아이들은 왜 철이 들어야 하나요?!

〈어린 왕자〉에 보면 지구에는 너무나도 현실의 이익과 욕망을 채우려는 인간들이 바오밥나무처럼 살고 있습니다. 그 어른들은 아이들에게 철이 없다고 나무라면서 빨리 철이 들어야 한다고 말합니다.

그렇다면 이 동물원 놀이도 어떤 녀석 엉덩이의 몽둥이 찜질로 막을 내리겠군. 그 어떤 녀석이라는 건 나 말고 또 누가 있을까!

어른들의 눈에는 아이들이 모두 철없는 철부지이고 물가에 놀고 있는 아이들입니다. 오히려 아이들의 눈에 비치는 어른들의 세상은 너무나도 많은 부조리와 거짓과 속임수가 난무합니다.

그러자 악마가 그것들을 한 번에 떨어 뜨릴 수 있다고 나를 부추겼다. 내가 생각해 봐도 재미가 있을 것 같았다. 그래서 개울 근처에서 날카로운 유리 조각을 집어 오렌지 나무 위로 올라가 힘껏 빨래줄을 끊었다.

그래도 어른들은 동심과 현실이 충돌할 때, 빨리 현실을 직시하고 긍정하면서 성장하기를 독려합니다. 예의범절의 규범과 도덕률에서 자유롭지 못한 어른들은 다섯 살 아이가 부모님의 가만히 앉아 있으라는 말에 의자에 오랫동안 꿈쩍 않으면 참으로 의젓하고 예의가 바르다고 합니다. 그런데 이것은 어디까지나 어른들의 시선이고 마음입니다.

•영화속 장면 : 밍기뉴에 기댄 제제

철든다는 것은 시간적으로 저절로, 인위적으로 만들어지지 않습니다. 정신적, 심리적, 육체적 경험과 계기가 있어야 합니다. 그것이 사춘기이고 성장통이며, 방황이고 저항이며, 비뚤어진 어린이의 자연스런 모습입니다.

철든다는게 그렇게 대단한거야!

철든다는 것은 어디까지나 어른들의 마음이고 기대이고 규정이란 것, 이 작품의 제제를 통해 우리는 철이 든다는 것이 무엇인지 읽을 수 있습니다.

2. 때로는 크리스마스에도 악마같은 아이가 태어난다!

〈나의 라임 오렌지나무〉는 구성이 제1부와 제2부로 나뉘어져 있습니다. 제1부의 제목은 '때로는 크리스마스에도 악마같은 아이가 태어난다' 입니다. 여기서 악마는 장난이 심하고 투정이 많고 심술을 부리는 착하고 귀여운 악동(惡童)을 말합니다. 방구시에서는 이런 악동을 '카페친냐'라고 부릅니다. 제제는 대표적인 카페친냐입니다.

난 어떤 크리스마스에 하느님의 착한 아기 예수가 내 안에 태어났으면 하고 은근한 기대를 품고 있었다. 꼭 착한 예수가 내게 태어나기를. 아무튼 나도 철이 들면 좀 나아질 것 같기도 했다.

주인공 제제는 가난한 집안과 무능한 아버지를 원망합니다. 어른들은 크리스마스에 태어난 착한 아기 예수가 세상의 모든 이들을 구원한다고 말합니다.

하지만 방구시의 아이들은 그런 아기 예수가 아닙니다. 크리스마스에 선물조차 받을 수 없는 가난한 집의 자식들이고, 제제도 그런 아이의 하나입니다.

나도 이제 크리스마스에는 악마가 없어졌으면 좋겠어. 죽기 전에 딱 한번만이라도 내 속에 악마대신 착한 예수님이 태어났으면 해.

그래서 난 아기 예수가 그냥 보이기 위해서만 가난한 사람으로 태어났다고 생각해. 그 다음엔 부자들이 더 소용 있다고 깨달은거야.....이런 얘기 그만하자. 내가 한 말은 큰 죄가 될지도 몰라!

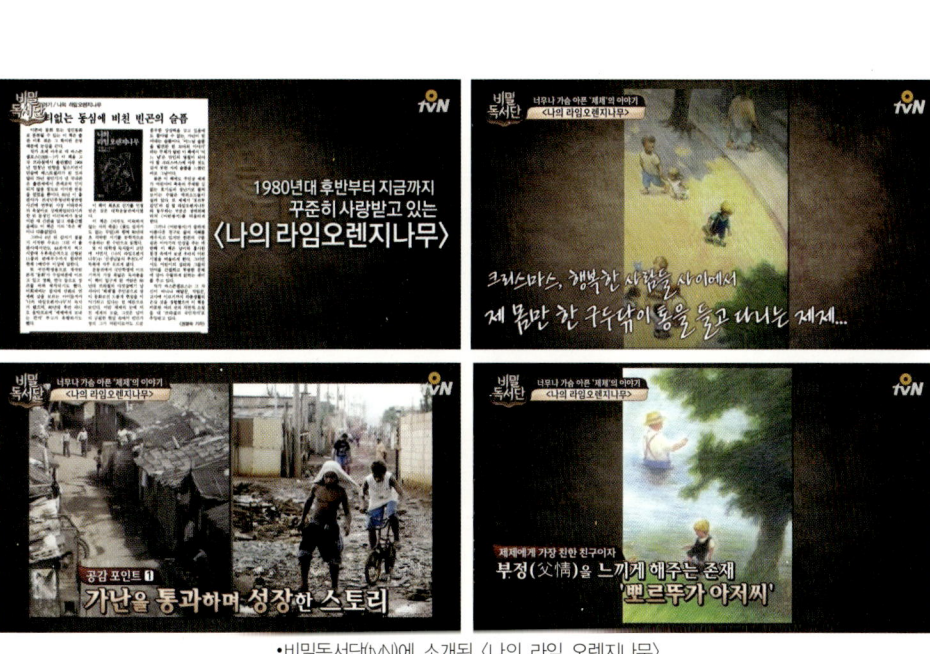

• 비밀독서단(tvN)에 소개된 〈나의 라임 오렌지나무〉

보통의 크리스마스에 태어난 아기가 모두 예수가 아니듯, 부처님 오신날 태어난 아이도 세상의 자비를 모두 받고 태어나는 어린 부처님이 아닙니다. 다시 말하면 방구시의 어린이들도 하느님의 축복을 받고 태어난 아이들이 아니라는 것입니다. 가난한 집의 아이들입니다.

13 나의 라임 오렌지나무

3. 악동에게도 자기의 천사와 멘토는 있다!

제제는 무능한 아빠가 있고, 다정한 엄마가 있고, 착한 동생이 있고, 심술궂은 누나가 있습니다. 제제에게 가족은 아직 짐이 되기도 하고, 제제는 가족의 의미를 모릅니다. 누나는 제제에게 못된 버릇을 고쳐준다고 혼을 내줍니다. 그런 누나를 제제는 틈만 나면 골려 줍니다.

야, 나쁜 마녀야! 억센 털 러시아 고양이! 너는 사관 생도한테는 절대 시집 못갈 거야! 군화 닦을 돈도 없는 가난뱅이 졸병하고나 결혼해라!

•작품의 소재가 된 라임 오렌지나무

그런 누나를 통해 제제는 '라임 오렌지나무'를 만나고 그와 친구가 됩니다. 제제에게 가족과 라임 오렌지나무는 그의 삶을 지켜주고 친구가 되고 외로움을 달래주는 멘토이지만 아직 철이 안 든 제제는 그것을 모릅니다. 그저 현실의 가난함이 무척이나 싫습니다.

이 나무는 아직 어리지만 자라면 아주 멋진 오렌지나무가 될 거야. 그리고 나랑 함께 커 가는 거야. 그럼 너희들은 형제처럼 사이 좋게 지낼 수 있잖아. 나뭇가지 좀 봐! 그래 이 나무밖에 없는 건 사실이야. 하지만 내가 탈 수 있도록 만든 망아지 같지 않니?

•영화속 장면 : 밍기뉴와 놀고 있는 제제

어느날 제제의 누나는 제제의 부탁을 들어주지 않습니다. 멋진 남자친구와 데이트가 약속되었기 때문입니다. 제제는 그런 누나에게 악담을 합니다. 제제는 아직 마음속에 카페친냐가 자리잡고 있었던 것입니다.

4. 제제, 뽀루뚜까를 만나 철들기 시작하다!

철이 든다는 것은 꿈과 이상이 결코 현실을 떠나서는 없다고 자각하는 것입니다. 크리스마스 이브에 루돌프 사슴코가 이끄는 썰매를 타고 산타 할아버지가 굴뚝으로 들어와 벽에 걸린 양말에 선물을 놓고 간다는 믿음이 있으면 동심의 세계에 잠든 어린이입니다.

왜 이래야만 할까? 어째서 착한 아기 예수는 날 싫어하는 거지? 외양간에 당나귀나 소들까지도 좋아하면서 왜 나만 싫어하냐고? 내가 악마 같아서 벌을 주는 건가? 만약 내게 벌을 주는 거라면 내 동생 루이스에게는 왜 선물을 주지 않는거야? 말도 안 돼. 루이스는 천사 같은데. 하늘의 천사도 우리 루이스만큼 착하진 못해.

그런데 현실에서는 안타깝게도 그것이 없습니다. 끝없이 노력하고 공부하고 일하고 좌절하고 슬프고 아픈 것입니다. 모든 것이 그렇습니다.

아빠가 가난뱅이라고 진짜 싫어!

•영화속 장면 : 뽀루뚜까를 만나 친구가 된 제제

어느날 제제는 동네에서 아주 비싼 차를 몰고 다니는 사람을 만나게 됩니다. 그의 이름은 뽀루뚜까입니다. 아버지는 가난하고 무능하며, 제제의 진심을 몰라줍니다. 제제는 세상에서 가장 부자인 뽀루뚜까와 친구가 됩니다. 그는 세상에 근심없고 가장 행복한 사람일 거라 생각합니다.

뽀루뚜까는 제제에게 가족애를 느끼고 있습니다. 부자가 되기 위해 버렸을 수많은 소중한 가치들이 다시 생각나기 시작했습니다. 카페친냐로 가득한 제제의 악동같은 **행동**과 마음도 결국은 자신의 어린시절을 말해주고 있습니다. 그에게 있어서 제제는 어린 아기예수이고 어린 천사인 것입니다. 그럼 뽀루뚜까는 제제에게 어떤 존재일까요?

제제, 넌 천사야!
나는 손을 흔들어 보였다. 그리고 웃기 시작했다.
천사요? 아저씨가 아직 저를 잘 몰라서 그래요?

5. 아기 예수는 슬픔속에서 태어났다!

가난한 아이들은 축복받는 날이 가장 슬픕니다. 자신이 태어난 생일에 선물을 받지 못하고 기쁨의 찬사를 받지 못하면 더더욱 슬픕니다. 크리스마스에 모든 아이들이 즐겁고 행복한 것은 아닙니다. 부처님이 태어난 네팔의 룸비니에 사는 사람들이 세상에서 가장 성스러운 땅에 살기 때문에 그들이 행복을 누리고 있지는 않습니다. 가난하고 힘들지요.

아기 예수의 탄생을 축하하는 날이라기보다는 죽음을 슬퍼하는 날 같았다.

내 놓을 거야. 혹시 알아. 기적이 일어날지? 있잖아. 형. 난 선물을 받고 싶어. 딱 하나만이라도. 아주 새거로. 나만의 것 말이야.

예수님의 성령이 충만한 예루살렘이 세상에서 가장 축복받은 낙원이 아닌 것 처럼 말입니다. 방구시의 아이들도 마찬가지입니다. 그들은 슬픔속에서 태어난 아기 예수입니다.

•영화속 장면 : 뽀루뚜까와 즐거운 우정을 나누는 제제

제제가 보기에 뽀루뚜까는 세상에서 부러울 것이 없는 사람입니다. 그런데 그것은 겉으로 드러난 것입니다. 그가 이룩한 오늘의 재부(財富)는 수없이 잃은 행복한 추억과 가족의 사랑, 고독의 위에 쌓은 것입니다.

넌 아주 용감한 사내야. 꼬마야!

마음속에 정말 악마가 있나봐요!

밍기뉴는 제 라임 오렌지나무예요. 그 애가 굉장히 맘에 들면 슈르르까라고 불어요.

제제는 뽀루뚜까를 통해 마음을 치유합니다. 그리고 주변의 모든 것들이 소중하다는 것을 깨닫기 시작합니다. 가족의 소중함도 알기 시작합니다.

당신이 세상에서 가장 좋은 사람이니까요. 당신이랑 같이 있으면 아무도 저를 괴롭히지 않아요. 그리고 내 가슴속에 행복의 태양이 빛나는 것 같아요.

6. 제제의 분신, 나의 라임 오렌지나무

    제제에게 천사는 가족입니다. 심술을 부리지만 누나가 그렇고, 열심히 가족을 부양하기 위해 노력하는 아빠가 그렇고, 제제를 안아주고 위로해주는 엄마가 그렇고, 곁에 있으면 마음이 순해지게 만드는 동생이 그렇습니다. 그리고 자신의 악동 취미를 이해하는 뽀루뚜까가 있습니다.

    모두들 제 운명을 안고 태어나는거야. 너도 마찬가지고. 제제, 너는 다만 가끔씩 장난이 심할 뿐이야!

• 〈나의 라임 오렌지나무〉 : 여러 영화 포스터들

    제제는 자신의 변화를 라임 오렌지나무에게 말합니다. 그것은 점차로 철이 든다는 신호입니다. 아버지를 마음속에 죽이고, 뽀루뚜까로 태어나게 빈다는 것에서부터, 자신이 없으면 가족들이 모두 좋아할 것이라는 생각도 했습니다.

    밍기뉴가 피운 첫 번째 꽃이야!

어느날 뽀루뚜까가 차 사고로 세상을 떠납니다. 서서히 착한 어린 예수가 되어가고 있는 제제에게 포루투갈 친구의 죽음은 제제를 현실로 돌아오게 만드는 장치입니다.

잘있어 친구야! 넌 세상에서 가장 멋진 나무야!

그리고 이제 제제는 다른 곳으로 이사를 갑니다. 그때 제제의 벗이자 분신인 밍기뉴가 꽃을 피웁니다. 그 꽃은 제제의 새로운 탄생, 철이 든 제제를 상징하는지 모르겠습니다.

✿ 성찰과 사색의 몇가지 틈새

1) 철이 든다는 것은 어떤 뜻인가요?
2) 아기 예수는 왜 슬픔속에서 태어나나요?
3) 카페친냐는 어떤 어린이를 말하나요?
4) 라임 오렌지나무는 어떤 상징인가요?

14 변신

프란츠 카프카(1883-1924)

존재감을 상실한 현대인

카프카의 〈변신〉은 주인공 '그레고르 잠자'가 갑자기 인간에서 벌레가 된다는 설정에서 시작한다. 그런데 아무도 그가 왜 갑자기 벌레로 변했는지, 그리고 그 많은 변신 가운데 왜 가장 하찮은 벌레가 되어야 하는지 묻지 않는다. 세상 사람들은 나 이외에 타인의 삶에 관심조차 없거나 궁금해 하지 않는디. 이 시대 시람들은 타자에 의해 절서하게 외면낭한 존재이다.

 한 줄 키워드로 읽는 〈변신〉

변신, 소외, 소통의 부재, 존재의 부정, 가족해체

저는 이 짐승 앞에서 오빠라는 이름을 입에 담고 싶지도 않아요. 그러니까 이렇게 말씀드리는 거에요. 우리는 저것을 없애버릴 계획을 세우지 않으면 안돼요.

어느날 아침, 그레고르 잠자는 불안한 꿈에서 깨어나자 자신이 침대속에서 한 마리의 흉측한 벌레로 변해 있는 것을 발견했다.

* 이 책에 인용한 구절의 출전은 '문학동네' 출간본입니다.

14. 변신(變身)

어느날 아침, 그레고르 잠자는 불안한 꿈에서 깨어나자 자신이
침대속에서 한 마리의 흉측한 벌레로 변해 있는 것을 발견했다.

• 국내 출간물 : 좌로부터 문학동네, 민음사, 아로파, 더클래식

20세기의 가장 문제적 작품으로 평가받는 〈변신〉은 유대계의 독일 작가인 프란츠 카프카(Franz Kafka:1883-1924)의 1916년도 작품입니다. 그는 보험 관련한 일을 하면서 작품을 쓰는 이중생활, 독일인이면서 유대계라는 이중적 자아의 중간에서, 마치 경계인과 같은 실존적 불안감에 시달렸습니다. 이것이 그의 작품 전반에 나타나는 실존적 경향입니다.

•저자 : 프란츠 카프카(1883-1924)

그의 여러 작품에서는 그래서 그런지 국민국가의 거대한 체제에서 오히려 삶의 방향이 모호해진 인간존재의 불안, 의지와 상관없이 쓸려가는 인간 운명의 부조리, 산업자본주의가 심화되면서 생겨나는 실존적 불안을 생생하게 묘사하고 있습니다. 변신은 이런 점에서 가장 카프카의 실존주의 작품경향을 설명해 준다고 하겠습니다.

1. 변신, 존재의 이유가 없다!

카프카의 〈변신〉은 주인공 '그레고르 잠자'가 갑자기 인간에서 벌레가 되다는 설정에서 시작합니다. 그런데 아무도 그가 왜 갑자기 벌레로 변했는지, 그리고 그 많은 변신 가운데 왜 가장 하찮은 벌레가 되어야 하는지 묻지 않습니다. 세상 사람들은 나 이외에 타인의 삶에 관심조차 없거나 궁금해 하지 않습니다. 이 시대 사람들은 타자에 의해 철저하게 외면당한 존재입니다.

설사 기차시간에 댄다 해도 사장의 불벼락은 피할 수는 없을거야. 5시 기차로 내가 오기만을 기다리던 그 사환 아이가, 제 시간에 나오지 않은 것을 이미 오래전에 사장에게 일러바쳤을 텐데.

그렇다고 자신의 실존에 대해서도 성찰하지 않습니다. 주인공인 '그레고르 잠자' 자신조차도 왜 내가 벌레가 되어야 하는지 분노하거나 의문을 갖지 않습니다. 단지 제 시간에 출근하지 않아서 사장에게 혼날 걱정만 합니다.

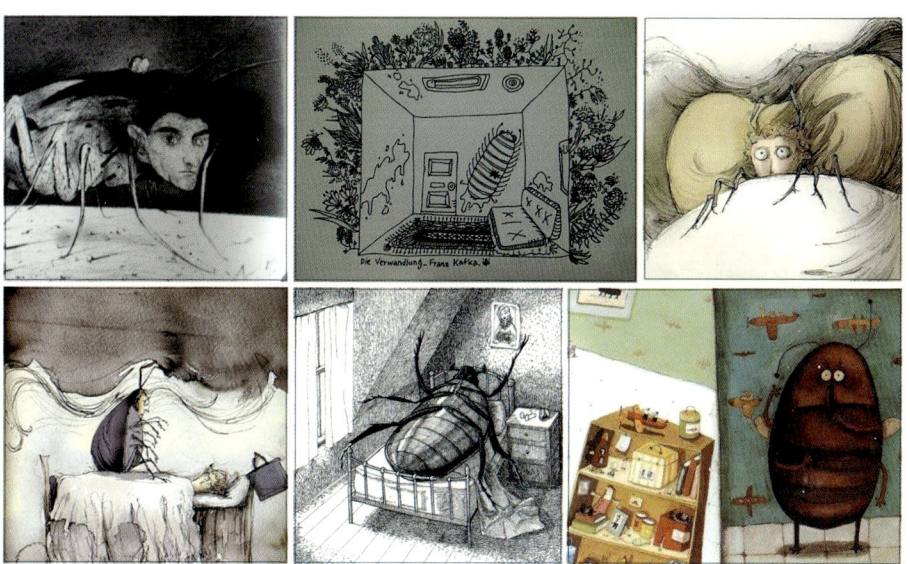

• 〈변신〉의 벌레를 그린 여러 가지 삽화들

오늘날 우리들도 '잠자'와 마찬가지로 자신의 존재에 대한 성찰보다는 회사만을 걱정하고 사는지 모릅니다. 일이 모든 것이고 일을 위해 사는 듯, 아니면 부자가 되는 것, 성공이 유일한 목표인지, 이런 것들이 당연하다 생각하고 이것에 익숙해져 있을 것입니다.

2. 변신, 소통의 부재를 말하다!

카프카의 〈변신〉은 산업사회의 소통부재를 그리고 있습니다. 우선 그레고르 잠자는 아버지의 빚 때문에 가족을 먹여 살리는 일에 나섰고, 회사에서 퇴근하여 집에 오면 방문을 잠그고 깊은 잠에 듭니다. 가족에게 그는 그들을 먹여 살리는 기계일 뿐입니다. 소통의 부재는 여기서부터 시작입니다.

지배인, 아버지, 어머니, 여동생, 하녀도 모두 흉측한 벌레로 변한 잠자를 보고 놀라 도망가고 소리치고 집에서 나가고, 가족들은 방문을 걸어 잠근채 철저하게 외면합니다. 사회적 불통의 모습입니다.

아무리 생각해 보아도 결론은 같았다. 즉 당장은 서투르게 소란을 피우지 않아야 하며 가족들로 하여금 인내와 최대한의 조심성으로써, 그로인해 일어나는 갖가지 불쾌감을 견딜 수 있도록 해주어야 한다는 것이다. 자신의 이런 모습은 아무래도 집안사람들에게 혐오감을 줄 수 밖에 없기 때문이다.

벌레로 변한 그레고르 잠자는 가족들에 의해 강제로 갇힌 방에서 나와 가족들과 소통을 하려고 3번의 시도를 하지만 모두 실패합니다. 가족관계에서조차 투명인간 취급을 받으며 외면받은 잠자는 존재이유를 상실하고 무기력하게 변해갑니다. 벌레의 상태를 벗어나려는 몸부림이나 호소와 분노가 없습니다.

다만 여동생은 지난날 오빠였던 안타까움에 벌레로 변신한 잠자를 위해 청소를 하거나 가구들을 옮겨주고 먹이를 줍니다. 오빠가 그녀를 위해 음악을 계속하게 하려고 어떤 노력을 하였는지 모릅니다. 서로간에 소통이 없었기 때문입니다.

3. 변신, 존재를 부정당하다!

벌레로 변한 잠자는 그래도 방에 갇혀 있기는 해도 존재가 부정당하지 않습니다. 그러나 점차로 그가 이제까지 가족을 먹여 살린 시간의 기억은 점차로 사라져 갑니다. 가족에게 이제 잠자의 존재이유는 희미해져 가고 있습니다.

아버지는 벌레로 변한 자식과 어떤 대화나 이해를 하려고 하지 않습니다. 결국에는 아버지의 눈에서조차 징그럽고 귀찮은 대상으로 전락한 잠자는 두 번째 소통의 시도에서 아버지가 던진 사과를 등에 맞고 결국에는 이때의 상처가 악화되어 죽음에 이릅니다.

> 저는 이 짐승 앞에서 오빠라는 이름을 입에 담고 싶지도 않아요. 그러니까 이렇게 말씀드리는 거에요. 우리는 저것을 없애버릴 계획을 세우지 않으면 안돼요.

어느날 가족들은 생계를 위해 하숙생들을 받아들이고, 잠자가 그토록 음악공부를 시켜주고 싶었던 여동생은 하숙생들을 위해 바이올린 연주를 시작합니다.

이때 갑자기 나타난 벌레로 인해 놀란 하숙생들은 같은 공간에서 벌레와 함께 하였다는 불쾌감으로 하숙비를 돌려달라고 합니다. 여동생도 이제 분노가 폭발합니다. 모두에게 외면당하는 잠자의 미래는 쓸쓸한 죽음 뿐입니다.

• 카프카를 기념한 우표

4. 변신, 내가 없어도 세상은 돌아간다!

카프카의 변신은 가족주의의 해체와 사회적 소외를 다룹니다. 그리고 기존의 봉건질서가 갖고 있던 가부장제, 가족관계가 무너지고 그것을 대체하여 생겨난 국가, 제도, 관료, 자본이 오히려 개인을 더욱 무기력하게 만들고 있습니다.

카프카의 〈변신〉에 나타난 무기력의 근원			
회사의 업무	동일성의 반복	소통의 부재	사회적 소외
노동에서 소외	일상적 출퇴근	가족해체/대화부재	목적없는 삶

가족들의 외면, 그리고 여동생의 분노에 찬 저주를 들으며 잠자는 자신이 세상에 필요없는 존재, 가족에게 외면받은 존재에 대한 분노와 항변보다는 세상에서 사라져 주어야 한다는 존재부정의 단계에 이르렀습니다. 오늘날 세상에 대해 무기력한 현대인의 초상을 보여줍니다.

자신이 사라지지 않으면 안된다는 생각은 아마도 누이동생보다 그 자신이 훨씬 더 강하게 가졌을 것이다.

그레고르 잠자의 시체를 처리한 가족들은 이제 자신들의 일상으로 돌아갔습니다. 귀찮은 존재의 소멸은 가족들에게 행복의 계단이었습니다. 아버지, 어머니, 그리고 여동생은 오랜만에 소풍을 떠납니다. 그들에게 잠자의 죽음은 애통함이나 연민이 아닌 고통의 해방이었던 것입니다.

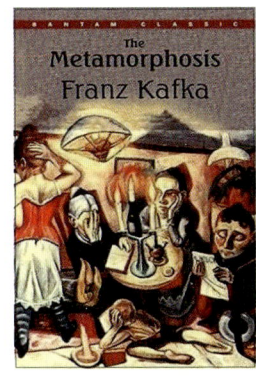 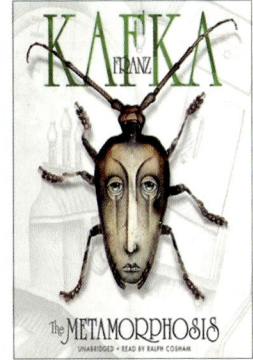 
 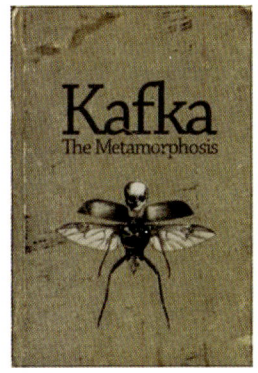 

• 〈변신〉의 여러 책자 표지들

5. 변신, 세상에 환타지는 없다!

    카프카의 작품속에 등장하는 여러 현대인의 모습은 고독한 존재입니다. 그래서 모두들 변신을 꿈꾸고 삽니다. 현실에서 존재할 수 없는 이상적인 삶이나 하늘을 나는 독수리가 되기도 하고, 고대왕국의 공주와 왕자로 태어나는 상상을 합니다.

    이런 변신의 꿈은 상상 그 자체만으로도 즐거운 일이고, 일상의 무료함을 대신하기도 합니다. 그렇지만 이것들이 일시적으로 희망이 없는 미래에 위안은 줄 수 있어도 결코 대안은 아닐 것입니다.

그렇다면 우리는 어떤 변신이 필요할까요? 삶의 존재와 희망의 근거를 찾는 주체적 능동성의 변신이죠. 그 내용이 어떤 것인지는 각자가 사유하고 실천하며 얻는 것이 바람직할 것입니다.

● 성찰과 사색의 몇가지 틈새

1) '잠자'는 왜 벌레로 변신이 되었나요?
2) 〈변신〉에서 소통의 부재는 어떤것일까요?
3) 현대인의 고독의 근원은 무엇일까요?
4) 인간에게는 어떤 변신이 필요할까요?

15 데카메론

조반니 보카치오(1313-1375)

사랑과 지혜

〈데카메론〉은 근대소설의 효시이다. 교회의 언어인 라틴어가 아니라 이탈리어 구어체로 쓰여졌다. 삶의 언어가 담겨있고, 당대의 사람들을 그려내고, 시대의 모순을 풍자하고, 현실의 고통을 비판한다. 이 작품이 만들어 내는 근대적 인간은 사랑과 감정과 지혜가 있고, 다양한 생각과 직업과 감성이 살아있다. 이런 수세의식이 드디어 근대적 인간을 만들었다.

 **한 줄 키워드로 읽는 〈데카메론〉**

풍자, 금기, 위선, 근대적 인간, 허위의식, 지혜, 사랑

과연 아브라함이 로마에 당도하여 보니, 교황청의 성직자들은 위 아래 할 것 없이 모두 불결하기 짝이 없는 음탕한 생활을 하고 있었습니다.

괴로워하는 사람에게 위안을 주는 것은 인정입니다.

저를 비롯해서 그와 같은 욕망을 가진 모든 사람들을 그러한 밤으로 인도해 주시도록 하나님께 부탁드리고 싶어요.

* 이 책에 인용한 구절의 출전은 '서해문집' 출간본입니다.

15. 데카메론(Decameron)

괴로워 하는 사람을
가엾게 여기고 위로하는 것은 인정있는 일입니다.

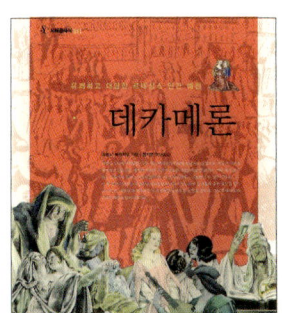   

•국내 출간물 : 좌로부터 서해문집, 이가출판사, 민음사, 범우사

조반니 보카치오(Giovanni Boccaccio:1313-1375)는 피렌체의 상인이었던 부친이 프랑스 파리에 있었을 때 태어났습니다. 아버지가 파리에서 어느 공주와 사랑을 하여 그를 낳았다고 전해지는데 사실 여부는 모릅니다.

다만 보카치오가 피렌체 출신인 것은 그의 앞날에 지대한 영향을 끼치는 인물들과의 만남이 이루어지는 역사적 공간이란 점에서 중요합니다. 그들은 피렌체 출신의 인문주의자 단테와 페트라르카입니다.

1. 단테와 페트라르카, 보카치오를 만들다!

보카치오는 스승인 페트라르카에게서 단테(1265-1321)의 위대성을 배우고, 신곡(神曲)의 영향을 깊게 받았습니다. 단테는 신곡에서 교회(교황)는 정신세계를 다스리고, 현실세계는 인간(정치)이 맡아야 한다는 논리를 폈는데, 이것이 이른바 르네상스의 철학적 출발입니다. 그가 〈단테전(1364)〉을 저술하고, 피렌체 교회에서 〈신곡〉을 강의한 것이 단적인 예라 하겠습니다.

• 보카치오(Giovanni Boccaccio: 1313-1375)와 단테(1265-1321)

또한 인문주의자 페트라르카(1303-1374)는 이탈리아어로 지은 자신의 서정시집인 〈칸초니에레(Canzoniere)〉에서 살아있는 모든 것들은 신과 양립할 수 없다면서 인간의 감정과 정서를 노래하였고, 인문주의적 학습과 지성의 성찰을 주장하여 인문학(Humanitas)의 아버지로 불리웁니다. 그는 보카치오에게 인간이 무엇인지 알려줍니다.

보카치오는 1350년에 밀라노에서 페트라르카를 만납니다. 이때 그는 페트라르카에게 구원의 대상을 신에서 찾지말고 인간의 사랑과 지혜에서 구하라는 충고를 받고 새로운 세상을 구상합니다. 그것은 바로 〈데카메론〉의 전편에 담겨 있습니다. 피렌체의 단테와 페트라르카는 보카치오를 만들었고, 〈데카메론〉의 탄생에 거름을 주었다 하겠습니다.

2. 〈데카메론〉은 어떤 책인가요?

교회와 신앙의 구원 시대가 끝나고, 인간의 지혜와 사랑이 현실을 구하는 새로운 시대, 곧 르네상스를 만들었다고 평가하는 〈데카메론〉은 7명의 아가씨들과 3명의 청년들이 피렌체의 흑사병(페스트)을 피해 산속으로 피해 있던 10일동안 각자가 듣고 배운 이야기를 각각 10개씩 나눈 이야기 총100개의 모음집입니다.

•영화속 장면 : 10일 동안 10명의 청년이 풀어내는 100개의 이야기

그래서 〈데카메론〉은 열흘 동안의 이야기라는 뜻의 〈십일담(十日談)〉이라고도 하며, 단테의 〈신곡〉에 빗대어 〈인곡(人曲)〉이라고도 합니다. 다양한 군상과 소재와 주제가 들어있는 100개의 이야기는 당시의 사회상, 인간의 심리, 새로운 시대를 담아내고 있는데 모두가 변화하는 사회적 현실과 경험의 산물이라 하겠습니다.

보카치오는 1325년부터 1328년까지 당시 나폴리를 지배하던 안주왕가(앙주왕가)의 궁중에서 생활하는 소중한 경험을 합니다. 아마 이때 교회와 왕실, 상류 귀족층의 화려한 삶, 부패와 타락상을 보았을 것입니다.

세상의 구원을 갈망하는 여인들에게!

괴로워 하는 사람을 가엾게 여기고 위로하는 것은 인정있는 일입니다. 괴로워 하는 사람 가운데 그러한 위로가 필요했거나 또는 받은 사람이 있다면, 저도 그중 한 사람입니다.

사실 저는 젊었을 적부터 지금까지 신분이 다른 고귀한 분과의 사랑에 가슴을 태워왔기 때문입니다.(머릿말)

그리고 항구의 특성상 외국인, 상인, 기술자, 예술가 등 현실을 바쁘게, 아름답게, 교활하게 사는 다양한 인간 군상과 만났으리라 추측합니다. 〈데카메론〉의 구도와 내용, 100가지의 이야기는 이때에 구상되고 수집된 것으로 보면 틀림 없을 것입니다.

보카치오가 35세이던 1348년에 피렌체는 공포의 전염병인 흑사병(페스트)이 창궐하여 10만여명에 이르는 사람들이 대책없이 죽어 나갔습니다. 이 해부터 1353년까지 〈데카메론〉이 쓰여진 것을 보면 보카치오의 의도는 뚜렷하게 드러납니다. 교회와 신앙의 시대가 끝나고 이제 인간과 현실의 시대가 왔다는 선언인 것입니다.

3. 〈데카메론〉, 근대인간을 만들다!

고대적 세계의 인간과 근대적 세계의 인간은 전혀 다른 인간상을 보여줍니다. 고대적 인간은 초월적인 신이나 신민의 주인인 왕을 섬기는 사람들입니다. 그들은 의무를 강조하고 신체를 통제하는 고대법을 따르는 인간들 입니다. 이에 반하여 근대적 인간은 권리를 주장하고 신체의 자유를 보장하는 근대법을 만드는 인간들 입니다.

〈데카메론〉은 근대소설의 효시입니다. 교회의 언어인 라틴어가 아니라 이탈리어 구어체로 쓰여져 있습니다. 조선후기에 등장한 〈홍길동〉, 〈춘향전〉, 〈흥부전〉, 〈심청전〉과 같은 한글소설의 탄생과 같은 의미라 하겠습니다.

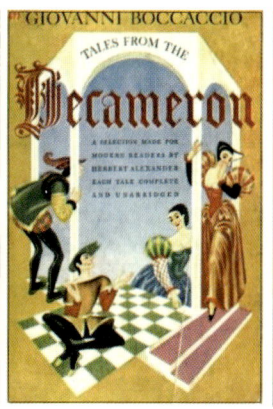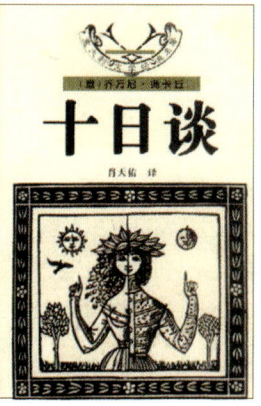

*여러 고내외의 〈데카메론〉 표지들

삶의 언어가 담겨있고, 당대의 사람들을 그려내고, 시대의 모순을 풍자하고, 현실의 고통을 비판합니다. 그리고 이런 주제의식이 드디어 근대인간을 만들었습니다.

사람이란 누구든 선악을 가려서 사랑을 하는 것이 아니라 욕망과 감정에 의해 사랑을 하는 것인 줄 압니다.(열째날 일곱째 이야기)

〈데카메론〉이 만든 근대인간은 드디어 르네상스의 문을 열고 나왔습니다. 단테의 〈신곡〉이 근대의 문을 찾았다면, 페트라르카가 근대의 문을 열었고, 〈데카메론〉이 근대의 첫발을 내디딘 것이라 하겠습니다. 〈데카메론〉이 생각하는 근대적 인간은 감정과 지혜가 있고, 다양한 생각과 직업과 감성이 살아있는 사람들입니다.

4. 〈데카메론〉, 지혜와 사랑을 말하다!

유럽에서는 흑사병(페스트)이 창궐하자 교회로 몰려가 신에게 구원을 요청하였습니다. 하늘의 대답은 수많은 사람들의 한없는 죽음이었고 재앙이었습니다. 결국 교회가 구원의 주체가 되지 못한다는 현실 경험은 고대적 세계의 종말이었고, 근대세계를 꽃피우는 계기가 되었습니다.

자비로우신 하느님께서는 우리의 과오는 보지 않으시고, 언제나 신앙의 순수함만을 보십니다. 지금 재앙의 한복판에 있는 우리도 하느님의 이름을 찬양할 때 건강과 구원을 얻을 수 있겠지요.(첫째날 첫째 이야기)

신의 구원이 없다면 그것은 인간이 스스로 문제를 해결해야 합니다. 이때 북이탈리아의 상업과 수공업, 예술의 발전은 인간들의 지혜와 사랑과 노력의 중요성을 발견하게 됩니다. 결국 세상의 구원은 인간의 지혜와 사랑에 근거한다는 자각의 시작입니다.

장로는 아브라함이 로마로 가는 것을 극구 말렸으나, 아브라함은 단호했습니다.

과연 아브라함이 로마에 당도하여 보니, 교황청의 성직자들은 위 아래 할 것 없이 모두 불결하기 짝이 없는 음탕한 생활을 하고 있었습니다. 양심의 가책이나 염치도 없이...(첫째날 둘째 이야기)

• 〈데카메론〉에 나오는 여러 삽화들

현실에서 만나는 숱한 고난과 위험을 막는 것은 자연사물을 이해하는 지혜입니다. 기술과 과학적 방법과 사실에 근거한 지혜만이 추상성과 관념성을 극복하는 수단인 것입니다. 또한 위선, 거짓, 욕망, 타락의 중세적 애욕을 극복하는 것은 개인적 자유와 공공선이 접점을 이루는 사랑이란 해답에 눈을 떴습니다.

5. <데카메론>, 운명과 싸우는 인간을 그리다!

고난을 극복하는 무기가 지혜라면, 인간욕망의 절제는 사랑에서 찾습니다. 이런 사유와 경험은 교회와 종교에 의해 만들어진 단일속성의 인간에서는 발견할 수 없습니다. 종교적 신앙은 욕망과 위선을 감추는 위장술이란게 <데카메론>의 폭로입니다.

저를 비롯해서 그와 같은 욕망을 가진 모든 사람들을 그러한 밤으로 인도해 주시도록 하나님께 부탁드리고 싶어요.(셋째날 셋째 이야기)

<데카메론>에서 말하는 흑사병(페스트)은 현실속의 전염병이지만, 소설속의 상징성은 고대적 세계입니다. 인간의 내일을 억압하는 모든 봉건적 속박이 바로 흑사병이라 하겠습니다. 따라서 기존의 운명에 맞서 싸우고, 이것을 극복하는 무기는 여러 인간들의 다양한 존재방식, 풍부한 여러 생활방식, 각기 상이한 지역적 특성에서 찾아야 합니다.

귀도(鬼盜) 카발칸티는
갑자기 자기를 에워싼
피렌체 기사들을 재치 있는 말로 물리친다.(여섯째날 아홉째 이야기)

또한 신체와 사상의 자유, 시민이 권력을 행사하는 공화제를 통해서 구현되

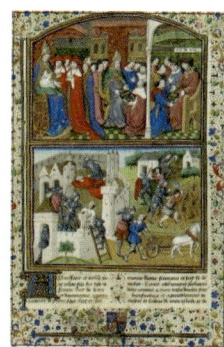 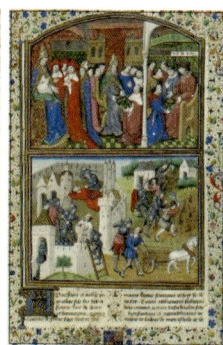  

• 〈데카메론〉에 나오는 여러 채색화들

는 정치적 질서도 중요하게 다가옵니다. 교회권력과 신성로마제국의 억압에서 독립적인 정치체제를 꿈꾸는 피렌체공화국의 이상(理想)도 흑사병에 맞서 싸우는 상징적 은유라 하겠습니다.

6. 〈데카메론〉, 오늘도 살아있다!

〈데카메론〉은 세상에 나온지 6백년이 넘었습니다. 그런데도 여전히 사람들의 눈과 입에 오르내리고 있습니다. 〈데카메론〉처럼 고전이 시대를 초월하여 읽히고 교훈이 되는 것은 그것이 보여주는 가치가 현실에서 유용하기 때문입니다.

사랑이여 만세, 탐욕이여 멸망하라.
싸움이여 모두 그칠지어다.(일곱째날 넷째 이야기)

고대적 질서, 봉건적 압제의 형태가 사라지고, 형식상으로는 평등과 자유가 보장되는 현대사회이지만, 내면적으로 들여다 보면 여전히 자본과 국가라는 기제(機制)를 통해 민주사회의 시민을 억압하고 있는 현실에서 〈데카메론〉은 고전을 넘어 사회변화를 꿈꾸는 사람들의 인문적 바탕이 되고 있습니다.

•보카치오를 기리는 동상, 조각, 우표

다양한 방식의 은유와 풍자, 통렬한 비판과 비유는 근대소설의 단계를 넘어 오늘을 사는 우리들에게도 문학적 상상력과 자유로운 생각을 주는 비타민과 같습니다. 비록 당대의 서정과 중세의 시대상황, 이탈리아라는 공간적 한계와 차이는 있지만, 지금도 인문고전의 문학성이 갖는 힘은 여전히 살아 있습니다.

❀ 성찰과 사색의 몇가지 틈새

1) 〈데카메론〉은 어떤 시대적 배경이 담겼나요?
2) 근대적 인간은 어떤 모습인가요?
3) 운명과 맞서 싸우는 인간은 누구인가요?
4) 현실의 고통을 이겨내는 힘은 무엇인가요?

16 위대한 개츠비

스콧 피츠제럴드(1896-1940)

프론티어와 청교도 정신

〈위대한 개츠비〉는 프론티어 정신과 청교도적 경건한 삶이 무너지고 물신(物神)이 지배하는 미국사회를 상징한다. 개츠비는 아메리칸 드림(기회의 땅 미국)을 이룬 위대한 개츠비였지만, 그의 밤은 범죄, 향락이었고, 그는 끝내 사랑의 쟁취를 위해 욕망의 부나비가 되어 비참한 죽음을 맞이한다. 배금주의, 물신주의에 물든 미국사회의 지화싱을 임풍하게 비판하고 있다.

 한 줄 키워드로 읽는 〈위대한 개츠비〉

성공신화, 잃어버린 세대, 프론티어, 청교도 정신, 물질숭배

난 모든 것을 옛날과 똑같이 돌려놓을 생각입니다. 그녀도 알게 될 겁니다!

그녀는 자기 남편이 결혼 후 백번 하고도 스물일곱번이나 사진을 찍어 주었다고 자랑하며 떠벌렸다.

우리가 개츠비의 시체를 들고 집으로 간 뒤에야 정원사가 조금 떨어진 잔디밭에서 윌슨의 시체를 발견했다. 그리하여 그 어처구니 없는 학살은 대단원의 막을 내렸던 것이다.

* 이 책에 인용한 구절의 출전은 '민음사' 출간본입니다.

16. 위대한 개츠비

난 모든 것을
옛날과 똑같이 돌려놓을 생각입니다.

   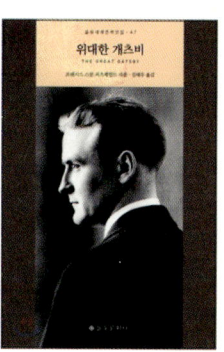

•국내 출간물 : 좌로부터 민음사, 열린책들, 함께, 을유문화사

　〈위대한 개츠비(The Great Gatsby)〉는 미국 미네소타주 세인트 폴 출신의 스콧 피츠제럴드(1896-1940)가 1925년에 발표한 작품입니다. 문체의 화려함이나 구성의 치밀함이란 측면에서 완성도가 뛰어난 작품으로 보기는 어렵습니다. 물론 평가는 사람마다 다르다는 것을 전제하면요.

그런데도 미국의 평단(評壇)은 물론이고 각국의 문학계에서는 이 작품에 대한 찬사가 끊이지 않습니다. 가령 하버드대 학생들이 선택한 10대 소설, 미국을 대표하는 기념비적 10대 소설, 20세기의 자본주의 시대를 묘사한 가장 대표적 작품 등으로 평가받고 박수갈채를 받으며, 여러번 영화화 되기도 하였는데, 이는 사실 미국의 힘과 비례하는 찬사라 하겠습니다. 국력이 강하면 작품의 인지도와 평가도 후하게 되는 이치지요.

• 저자 : 스콧 피츠제럴드(1896-1940)

1. 잃어버린 세대

2015년도에 한국사회의 청년들은 자신들을 스스로 3포 세대, 5포 세대, 7포 세대, 9포 세대라고 부르면서, 사회적 재화를 포기해야 하는 절망의 시대를 이렇게 자조섞인 말로 규정하였습니다.

3포 세대	연애, 결혼, 출산
5포 세대	연애, 결혼, 출산, 취업, 주택
7포 세대	연애, 결혼, 출산, 취업, 주택, 인간관계, 희망
9포 세대	연애, 결혼, 출산, 취업, 주택, 인간관계, 희망, 건강, 학업

어느 시대에도 청년들은 열정과 희망과 도전을 갖습니다. 그런데 그런 꿈이 좌절되고 무너지게 되면 그 사회는 역동성이 사라집니다. 잃어버린 세대로 한 시대를 나타냅니다.

일본작가 무라카미 하루키는 〈상실의 시대〉에서 '너희는 모두 방황하는 세대야!' 라고 말합니다. 헤밍웨이는 〈해는 또다시 떠오른다〉에서 '당신들은 모두 잃어버린 세대의 사람들입니다' 라고 하였는데, 1차세계대전이 끝나고 꿈과 희망을 잃은 청년세대가 실업, 물질주의, 타락에 빠진 것을 비판해 잃어버린 세대라고 하였습니다.

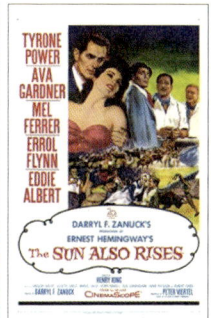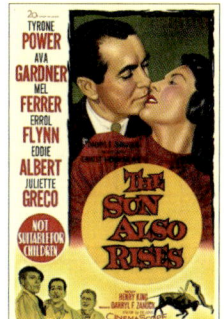

•영화 포스터 : 〈상실의 시대〉와 〈해는 또다시 떠오른다〉

이 작품 〈위대한 개츠비〉는 이른바 1920년대 미국사회의 배금주의, 한탕주의, 부정한 돈벌이, 환락과 물질숭배를 그리고 있습니다. 돈과 명예와 허영을 이루려는 미국사회의 욕망을 보여주고 있습니다. 이때를 한마디로 정의한다면 상실의 시대이고, 잃어버린 세대이고, 파티와 술과 춤으로 밤을 새는 '재즈의 시대' 라 하겠습니다.

2. 위대한, 그리고 위대한!

　작품의 제목은 그 내용을 표현하는 외피(外皮)이며 작가의 의도가 그대로 드러나는 명제입니다. 작가는 왜 개츠비를 위대하다고 하였을까요? 보통 사람들이 고향을 떠나면 금의환향(錦衣還鄉)이 최고의 목표입니다. 많은 돈을 벌어 당당하게 고향으로 돌아오는 꿈이지요. 식민지 치하의 백성이 자신의 고향을 떠나 성공적 이민을 하는것과 비슷한 것입니다.

　사람은 누구나 자신이 기본 덕목 중 적어도 한 가지는 갖추고 있다고 생각하는데 나에게도 그런 덕목이 있다. 즉 나는 내가 알고 있는, 얼마 안되는 정직한 사람중의 하나이다.

　미국은 이민사회입니다. 우선은 종교적 박해를 피해 신대륙으로 떠난 청교도(淸敎徒)들이 개척한 땅입니다. 청교도 프론티어라고 정의하지요. 또한 이들은 자본주의 가치에서 프로테스탄트 윤리를 지향합니다. 많은 돈을 버는 것이 하느님의 은총을 확인하는 자신의 가치이지요. 프론티어와 프로테스탄트는 미국지성의 가치입니다.

　　축하해 줘. 술을 마셔본 적이 없는데,
　　아, 왜 이렇게 술맛이 좋을까?

　그런데 역설적으로 개츠비는 위대하지 않습니다. 그는 미국의 가치와는 다른 방법으로 꿈을 이루려는 사람입니다. 개츠비는 청년장교로 데이지라는 여자와 사귀었는데, 제1차 세계대전이 일어나 갑자기 징집을 당하고 그녀와 헤어지게 됩니다.

수년이 지나고 고향에 돌아오니 그녀는 이미 다른 남자의 아내가 되었습니다. 그녀는 개츠비에게 미련은 있었지만 현실의 유혹은 돈많은 뷰캐넌이었습니다.

위대한 개츠비에 나오는 인물들의 관계도								
개츠비	연인	데이지	부부	톰 뷰캐넌	정부	머틀 윌슨	부부	윌슨

개츠비는 수단방법을 가리지 않고 돈을 벌었고, 신분을 세탁하여 그녀가 살고 있는 지역으로 이사를 옵니다. 그는 데이지의 사랑을 되찾기 위해 밤마다 파티를 열고 자신의 존재가치와 명성을 높이게 됩니다. 모든 사람들이 선망하는 성공한 명망가로 행세합니다.

난 모든 것을 옛날과 똑같이 돌려놓을 생각입니다.
그녀도 알게 될 겁니다.

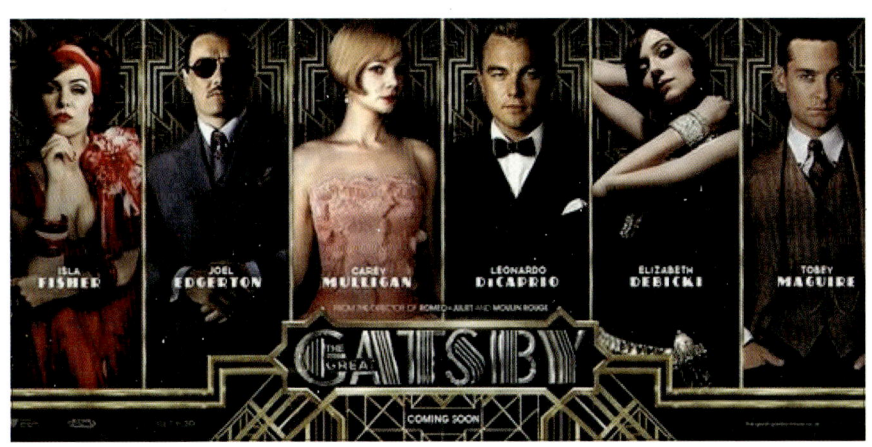

•영화속 장면 : 〈위대한 개츠비〉의 인물들

그러나 개츠비가 이룬 꿈과 돈, 분명히 위대하지만 역설적으로 그것은 위대하지 않습니다. 부정과 타락과 음모의 꿈이기 때문입니다. 지속적 사랑은 위대하지만 그것을 찾는 방법은 음모적이고 비정상적입니다. 따라서 〈위대한 개츠비〉는 작가의 시대를 반영한 반어적 표현이라고 봐야 하겠지요.

3. 시간을 되돌릴 수 있을까요?

데이지는 개츠비를 기다리지 못하고 부와 명예를 따랐습니다. 그녀는 욕망의 목표가 돈이고 화려한 생활과 타인의 선망을 받는 허영이었습니다. 많은 사람들이 보는 앞에서 남편을 사랑한다고 말하지만 그것은 거짓입니다. 허세와 위선으로 가장한 사랑이었습니다.

그녀는 자기 남편이 결혼 후 백번 하고도
스물일곱번이나 사진을 찍어 주었다고 자랑하며 떠벌렸다.

그러나 개츠비는 여전히 그녀를 사랑했습니다. 이것 하나만 놓고 본다면 당시의 많은 이들이 갖는 허구적 사랑, 위선적 사랑과는 차원이 다른 지고지순의 아름다운 가치입니다. 주변 친구들이 과거에 집착하지 말고 새로운 희망을 찾으려고 충고하지만 개츠비는 과거의 사랑에 집착합니다. 개츠비는 잃어버린

•영화속 장면 : 시간을 되돌릴 수 만 있다면...

시간을 되돌릴 수 있을까요?

나 같으면 그녀에게 너무 많은 것을 요구하지는 않을 겁니다.
과거는 반복할 수 없지 않습니까?
내가 불쑥 말했다.
과거를 반복할 수 없다고요? 아뇨, 반복할 수 있고 말고요!

4. 사랑은 소유해야 하는가요?

개츠비의 사랑은 이제 미덕을 넘어 충동과 집착과 욕망의 확인으로 나타납니다. 데이지는 남편의 외도를 눈치챘습니다. 그리고 개츠비의 사랑에 흔들립니다. 하지만 자신이 누리는 현재의 지위를 무너뜨리는 충동의 선까지는 넘으려 하지 않습니다. 그녀에게 개츠비는 목걸이가 아닌 손에 낀 반지정도로 중요한 사람에 불과했습니다.

아, 당신은 너무 많은 것을 원해요!
그녀가 개츠비에게 소리쳤다.

지금 난 당신을 사랑하고 있어요……그걸로 충분하지 않은가요? 과거는 어쩔 수 없잖아요? 그녀는 절망적으로 흐느껴 울기 시작했다.

저 사람을 한번쯤은 사랑했단 말이에요……하지만 당신도 사랑했어요.

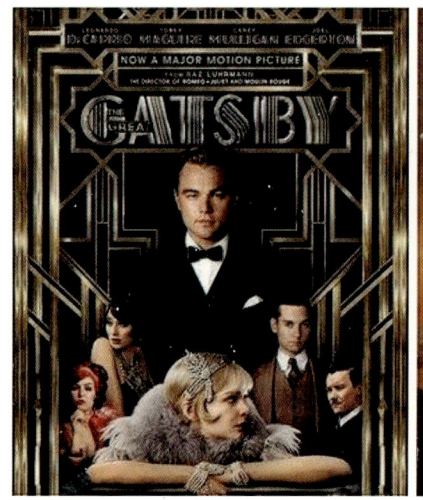

• 〈위대한 개츠비〉 : 영화 포스터

　데이지의 남편은 자신의 불륜을 속이고 데이지의 흔들리는 마음에 질투를 느낍니다. 그리고 자신의 불륜상대인 머틀 윌슨의 남편인 윌슨을 이용합니다. 윌슨은 자신의 부인과 개츠비의 관계를 의심하고 개츠비를 죽이고 자신도 자살합니다. 비극적 종말은 모두가 도덕성의 타락과 불신과 위선의 결과물인 것입니다.

　우리가 개츠비의 시체를 들고 집으로 간 뒤에야 정원사가 조금 떨어진 잔디밭에서 윌슨의 시체를 발견했다. 그리하여 그 어처구니 없는 학살은 대단원의 막을 내렸던 것이다.

5. 빛바랜 미국의 꿈들……!

〈위대한 개츠비〉의 곳곳에는 무너진 미국의 꿈이 있습니다. 파티가 끝나고 여기저기 널부러져 있는 과일껍질, 부패와 죽음을 상징하는 계곡의 쓰레기들, 자본의 어둠을 상징하는 올빼미의 저주가 있습니다.

• 영화속 장면 : 빛바랜 미국의 꿈

부패하고 타락한 자본의 욕망도 보입니다. 밤마다 이루어지는 파티는 거짓으로 쌓은 부와 명예가 갖는 허망을 드러냅니다. 여기저기 솟구쳐 서 있는 광고탑은 무한한 자본욕망을 나타내며, 화려하고 멋진 자동차는 허세와 위선의 상징입니다. 위대한 개츠비는 이렇게 위대한 외피를 썼지만 초라한 죽음, 아무도 지켜보지 못한 마지막 삶을 마감합니다.

청교도적 경건한 삶이 무너지고 물신(物神)이 지배하는 미국사회에서 개츠비는 아메리칸 드림(기회의 땅 미국)을 이룬 위대한 개츠비였지만, 그의 밤은 범죄, 향락이었고, 그는 끝내 사랑의 쟁취를 위해 욕망의 부나비가 되어 비참한 죽음을 맞이합니다. 그것은 1920년대 미국사회에 대한 경고이고 위기신호의 표출이었습니다.

※ 성찰과 사색의 몇가지 틈새

1) 잃어버린 세대는 무엇을 잃었나요?
2) 미국 이민의 도덕적 가치는 무엇인가요?
3) 개츠비는 무엇이 위대한가요?
4) 아메리칸 드림은 무엇을 말하나요?
5) 빛바랜 미국의 꿈은 어떤게 있나요?

17 유토피아

토머스 모어(1478-1535)

이상사회의 꿈

유토피아의 꿈이 나온 것은 중세(中世) 천년을 지배한 기독교의 이상국가 실현이 불가능하고, 봉건제의 압제가 가혹하다는 현실인식이 낳은 당연한 결과였다. 따라서 〈유토피아〉는 종교개혁과 프로테스탄트의 탄생, 기계문명과 이것으로 인한 삶의 개선, 그리고 자본주의의 발전에 따른 노동자들의 저항과 새로운 모색 등으로 표출되있고, 역사적 맥락으로 볼 때 근내유립은 유토피아를 지향하는 지성의 몸부림이었다.

 한 줄 키워드로 읽는 〈유토피아〉

이상사회, 무릉도원, 유토피아, 양들이 사람을 잡아 먹는다

도둑질밖에는 살아갈 방도가 없는 사람들에게는 아무리 무서운 형벌을 가해도 그 짓을 멈추게 할 수는 없습니다.

이같은 비참한 가난과 결핍을 더욱 악화시키는 것은 바로 지나친 사치입니다.

양은 보통 아주 온순하고, 조금밖에 먹지 않는 동물인데, 이제는 아주 게걸스럽고 사나워져서 사람들까지 먹어 치운다고 들었습니다.

* 이 책에 인용한 구절의 출전은 '서해문집' 출간본입니다.

17. 유토피아

양은 보통 아주 온순하고, 조금밖에 먹지 않는 동물인데,
이제는 아주 게걸스럽고 사나워져서
사람들까지 먹어 치운다고 들었습니다.

• 국내 출간물 : 좌로부터 서해문집, 열린책들, 파란자전거, 을유문화사

　토머스 모어(Thomas More:1478-1535)는 〈유토피아〉(1516)에서 '양들이 사람을 잡아먹는 시대'가 왔다고 말했습니다. 인류사회가 핵전쟁으로 멸망하고, 원숭이가 진화하여 인간사회를 지배한다는 설정의 영화 〈혹성탈출(惑星脫出)〉(1968)을 연상시키는 이 구절은 〈유토피아〉라는 책이 나올 수 밖에 없는 당시의 사회를 그대로 보여주고 있습니다.

양들이 사람을 잡아 먹는다는 말은 온순하기 짝이 없는 양들이 인간세계를 지배하고, 인간을 식용으로 쓰는 그런 시대를 말하는 것은 아닐 것입니다. 알다시피 양들은 초식동물이니까요?

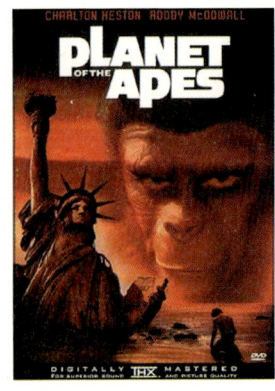 

•혹성탈출 : 영화 포스터와 영화속 장면

그럼 양들이 사람을 먹는다는 그런 시대는 도대체 무엇이고, 어떤 시대적 의미를 담고 있으며, 만일 그런 시대가 있다면 왜 그런 시대가 온 것인지, 그 해답을 구하기 위해서 〈유토피아〉의 세계로 들어가 봅니다.

1. 토머스 모어, 유토피아를 꿈꾸다!

토머스 모어는 영국의 런던 출신으로 링컨법학원에서 법률학을 공부하였으며, 이 시기에 유럽대륙의 르네상스 문화운동에 자극을 받아 많은 지식인들과 교류하였는데 그중에는 네덜란드 출신의 세계주의자, 자유주의자, 인문주의자인 에라스무스(1466-1536)와도 친교를 맺었습니다.

•저자 : 토머스 모어(1478-1535)

에라스무스는 1511년에 영국 런던의 토머스 모어의 집에서 가톨릭 교회와 성직자, 신학자의 위선을 고발하고 풍자한 〈우신예찬〉을 저술하였습니다. 이로볼때 토머스 모어가 얼마후 현실 비판과 새로운 이상세계를 꿈 꾼 〈유토피아〉(1516)를 세상에 내놓게 되는 일은 충분히 예상할 수 있습니다.

토머스 모어는 법학원을 졸업하고 변호사, 의원을 지냈으며, 정치적 수완도 뛰어나 외교관을 거쳐 나중에는 대법관에 올랐습니다. 그런데 당시 교회법에 따라 엘리자베스 여왕(1558-1603)의 부왕인 헨리 8세(1509-1547)의 이혼 승인에 끝내 동의하지 않았고, 1534년에 반역죄로 기소되어 런던탑에 갇힌후 이듬해인 1535년에 단두대에서 죽음을 맞았습니다.

•영화속 장면 : EBS에서 방영한 〈유토피아〉

17 유토피아 •• 219

그렇지만 그가 세상에 내놓은 이상적 사회를 제시하고 인류의 미래를 꿈꾸게 만든 〈유토피아〉는 다윈의 〈종의기원〉, 애덤 스미스의 〈국부론〉, 뉴턴의 〈자연철학의 수학적 원리〉, 홉스의 〈리바이어던〉 등과 함께 영국을 바꾸고, 유럽을 바꾸고, 세계사를 바꾼 위대한 저술로 우리에게 오늘도 감동과 희망을 주고 있습니다.

2. 유토피아, 이룰수 없는 꿈인가요?

• 모어가 상상한 유토피아

유토피아라는 말은 토머스 모어(1477-1535)가 지은 〈유토피아(1516)〉에서 유래하며, 그 뜻은 현실세계에서는 없는 곳, 그리스어의 '없는(ou-)'과 '장소(toppos)'의 합성어입니다.

그것의 원제인 〈최선의 국가 형태와 새로운 섬 유토피아에 관하여〉는 현실세계에 없는 이상향을 말하고 있지만, 다른 한편으로는 수많은 소설의 영감으로, 이상사회를 만들고자 하는 인류의 꿈으로, 작은 정부를 지향하는 아나키즘으로, 사회주의를 건설하려는 혁명적 실천으로, 무소유 공동체인 야마기시즘 등으로 나타났습니다. 그만큼 〈유토피아〉라는 책이 주는 힘이라 하겠지요.

유토피아의 꿈이 나온 것은 중세(中世) 천년을 지배한 기독교의 이상국가 실현이 불가능하고, 봉건제의 압제가 가혹하다는 현실인식이 낳은 당연한 결과였습니다.

따라서 유토피아는 종교개혁과 프로테스탄트의 탄생, 기계문명과 이것으로 인한 삶의 개선, 그리고 자본주의의 발전에 따른 노동자들의 저항과 새로운 모색 등으로 표출되었고, 역사적 맥락으로 볼 때 근대유럽은 유토피아를 지향하는 지성의 몸부림이었다고 보아도 큰 무리는 아닐 것입니다.

3. 무릉도원은 어디에 있나요?

동아시아의 경우, 현실에서는 없지만 누구나 꿈꾸는 무릉도원이 대표적인 유토피아 였습니다. 무릉도원은 중국 호남성 무릉에 있는 도화원(桃花源)으로 전란과 수탈에 신음하는 현세와 동떨어진 이상적인 별천지를 일컫는 말입니다. 동진(317-420)부터 남조의 유송(劉宋:420-479)시기에 살았던 은거파, 민중파 시인이었던 도연명(365-427)이 단편으로 지은 〈도화원기〉에서 비롯되었지요.

•도연명의 무릉도원을 재현한 도화원

〈도화원기〉를 보면 '무릉(武陵)에 사는 한 어부가 도화림(桃花林)에서 길을 잃은채 산속을 헤매다 동굴을 발견하고 그 속을 벗어나니 전란을 피해 많은 사람들이 평화스럽게 사는 마을을 만났다. 융숭한 대접을 받고 집으로 돌아와 다시 그곳을 가려하니 도저히 찾을 수가 없었다'는 내용입니다.

사람들은 이때부터 현실의 고통이 심할 수록 도화원의 이상을 찾기 시작하였는데 혹자는 도가사상의 노자가 말하는 가장 이상적인 사회인 소국과민(小國寡民)의 사상을 나타낸 것으로 보기도 합니다. 소국과민은 나라의 규모를 작게 하고, 국민의 숫자를 적게 하면 지배와 수탈이 없어지는 사회를 말합니다.

•안견의 〈몽유도원도〉, 최인호와 김경임의 저작

조선의 세종시기에 안평대군의 부탁으로 안견이 그린 〈몽유도원도〉는 조선의 선비들이 이상으로 꿈꾸는 성군(聖君)의 태평성대를 나타내기도 합니다. 그리고 조선에서는 나중에 무릉도원이 청학동(靑鶴洞)이나, 홍길동전의 율도국 등 다양한 모습으로 등장합니다. 그만큼 고통받는 민중들에게 도피처가 필요했던 것이지요.

4. 양들이 사람을 잡아먹는다!

토머스 모어의 〈유토피아〉는 라파엘이라는 사람의 입을 빌려 현실의 모순과 위선을 고발하고, 이상적인 세계, 합리적 공간, 민주적 사회인 유토피아를 설명하고 있습니다.

영국의 귀족들은 인간의 행복이 군주에게서 비롯된다고 합니다. 그들은 천연덕스럽게 '인민의 행복이나 불행은 마치 끊임없이 솟아나는 우물에서 물이 흘러 나오듯이 군주에게서 흘러 나온다'고 말합니다. 범죄에 대한 가혹한 형벌도 당연하다고 말합니다.

도둑질밖에는 살아갈 방도가 없는 사람들에게는 아무리 무서운 형벌을 가해도 그 짓을 멈추게 할 수는 없습니다.

남의 노동, 즉 소작인들의 노동에 의지하여 숫벌처럼 아무 일도 하지 않고 살아가는 고귀하신 분들이 많기 때문입니다.

• 〈유토피아〉 초기 판본

이에 대해 라파엘의 입을 빌린 〈유토피아〉는 군주가 다스리는 이런 행복한 나라의 허구성을 신랄하게 비판합니다. 극심한 곤궁상태에 빠지지 않도록 모든 사람으로 하여금 생계를 이어나갈 수 있게 해 주는 것이 군주의 도리이지 가혹한 형벌은 옳지 않다는 주장입니다. 또한 소작인들을 수탈하는 유한계급이 없으면 가난과 고통은 덜할 것이라 말합니다.

양은 보통 아주 온순하고, 조금밖에 먹지 않는 동물인데, 이제는 아주 게걸스럽고 사나워져서 사람들까지 먹어 치운다고 들었습니다.

거기에다 귀족들이 양털을 생산하여 더 많은 이익을 얻고자, 기존의 농작물을 가꾸던 밭을 엎어버리고, 소작인들을 터전에서 내쫓은 다음에 울타리를 치는 인클로저(enclosure) 때문이기도 합니다. 수많은 농노들이 이 때문에 죽음에 내몰렸습니다. 이것이 양이 사람을 잡아먹는 것이라 하였습니다.

5. 〈유토피아〉, 현실을 비판하다!

토머스 모어는 〈유토피아〉에서 개인적 죄악이 사회적 제도에서 비롯된다고 보았습니다. 따라서 도둑이 우선적 문제가 아니라 근본적으로 국가, 사회, 제도, 귀족들의 사치 등이 더욱 위험하다고 주장합니다.

이같은 비참한 가난과 결핍을 더욱 악화시키는 것은 바로 지나친 사치입니다.

모든 죄악은 처벌이 능사가 아니라 사람을 구제해야 한다는 관용의 논리를 말합니다. 형벌의 목적이 악의 제거와 인간의 구제에 있다는 관용의 원칙입니다. 〈유토피아〉의 목적성은 기존 질서의 권력, 형벌에 대한 비판과 새로운 시대의 대안을 제시하는데 있습니다.

형벌의 목적은 악을 없애고 사람을 구제하는데 있기 때문입니다.

아울러 이런 정신은 프랑스의 계몽주의자인 볼테르(1694-1778)의 관용이나, 이탈리아의 형법학자이며 근대형법의 아버지로 추앙받고 있는 베카리아(1738-1794)가 〈범죄와 형벌〉에서 주장한 사회계약에 의한 처벌, 지은 죄에 대해서만 처벌하는 '죄형 법정주의'에도 영향을 주었다는 사실을 엿볼 수 있습니다.

6. 〈유토피아〉, 대안을 모색하다!

토머스 모어의 유토피아는 바다에 있습니다. 누구나 쉽게 갈 수 없는 곳이기도 합니다. 그래서 1)현실속에 없는 곳, 2)도달하기 어려운 곳, 3)현실에서 떨어진 세계, 4)미지의 공간, 환상의 지역으로 인식합니다. 그런데 만일 그곳에 간다면 한편으로는 1)안전한 지리적 위치, 2)위험이 없는 사회, 3)외침이 불가능한 땅으로 인식이 전환됩니다. 유토피아의 양면성이지요.

그리고 그것이 현실에서 떨어진 곳이 아니라 지금의 시공간이고, 현실에서 이룬다는 꿈을 가질 때 이념이 되고, 사상이 되고, 주의(主義)로 발전합니다. 토머스 모어의 유토피아는 불가능과 가능성의 분기점에 있습니다. 선택의 능동태는 현실을 사는 사람들이 선택하는 몫이 됩니다.

•유토피아 상상도

　〈유토피아〉의 1부는 주로 현실을 비판하는데 초점을 두었다면, 2부는 대안 세계로서 유토피아의 내용입니다. 1부에서도 언급했지만 소작인들에게 최소한의 생존을 보장하라는 것은 요즈음의 '최저생계비'와 같고, 법의 관용을 베풀라는 것은 근대법의 '인권보장'과 동일한 내용입니다.

　2부에서는 종교의 자유, 인간을 착취하는 돈이 없는 사회, 모두가 평등한 공동체의 실현, 육체적 건강과 정신적 쾌락을 강조합니다.

　또한 국가 사이에 지켜지지 않는 조약을 맺기보다는 신의에 의한 자연적 우의, 유혈이 없는 전쟁, 최소한의 전쟁, 기독교 이외에도 다양한 종교와 신앙의 자유도 말합니다. 물론 부부공유제와 같이 당시나 현재에도 일반적 윤리와 도덕률로는 받아들일 수 없는 부분도 있습니다. 그래도 〈유토피아〉에서는 이처럼 당시에 누구나 현실의 제약과 고통에서 벗어 나겠다는 소망을 담았습니다.

7. 〈유토피아〉, 인문학을 만나다!

〈유토피아〉는 우선 봉건제의 폐해, 군주제의 문제점, 양이 사람을 잡아먹는 인클로저 등 현실비판을 담고 있습니다. 그것의 바탕에는 소작인등 하층민에 대한 휴머니즘이 깔려 있습니다.

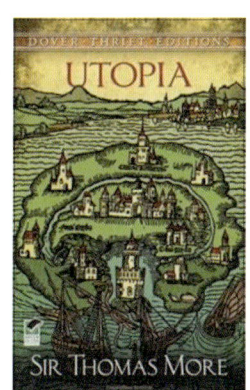  

• 〈유토피아〉의 여러 출간물 표지

또한 이상사회에 대한 인류의 열망을 말해주고 있습니다. 고통이 없는 이상 사회는 과거에 있을 수 있고, 현재에 존재할 수 있고 미래에 만들 수도 있습니다. 과거의 회상을 통해 오늘의 고통을 잊기도 하며, 오늘의 유토피아가 오기를 소망하거나 내일의 유토피아 건설을 위해 목숨을 건 반란에 동참하기도 합니다.

아니면 현실에서 벗어난 미지에 세계에 있을지 모르는 유토피아를 찾아 떠나기도 합니다. 토머스 모어의 〈유토피아〉는 그런 꿈을 위한 여러 대안들과 제도 등을 제시하고 있습니다. 이것이 〈유토피아〉가 갖는 여러 가치 가운데 오늘날까지 인문고전으로 전해지는 덕목이라 하겠습니다.

● 성찰과 사색의 몇가지 틈새

1) 사람들은 왜 유토피아를 꿈꾸나요?
2) 양들은 왜 사람을 잡아먹나요?
3) 유토피아는 어떤 세상인가요?
4) 현실에서 유토피아는 가능할까요?

18 나에게는 꿈이 있습니다.

마틴 루터 킹 (1929-1968)

비폭력 저항과 평화시위

마틴 루터 킹은 간디에게서 저항의 방법론을 찾았다. 킹목사는 직접 인도로 건너가 간디의 발자취를 밟으며 평화적인 비폭력운동의 힘과 지속성을 구하였다. 간디가 추구한 인종간의 불평등과 차별의 해소, 식민지로부터 해방, 모든 인류를 동일한 존재로 보는 사해 동포주의는 킹목사의 가장 중요한 사상적 밑거름이라 하겠다.

 한 줄 키워드로 읽는 〈나에게는 꿈이 있습니다〉

흑인인권, 간디, 워싱턴행진, 비폭력, 불복종, 평화

사랑이 우리의 운동의 이념적 근거가 되었다. 우리 운동에 혼과 동기를 불어넣은 것은 예수였고, 방법을 알려준 것은 간디였다.

우리 운동을 증오의 운동으로 만들려고 하는 사람들이 있습니다. 우리 운동은 백인과 흑인 간의 싸움이 아니라 정의와 불의 간의 싸움입니다.

역사를 쓰는 사람이 있는가하면, 역사를 만드는 사람이 있고, 역사를 경험하는 사람이 있습니다.

* 이 책에 인용한 구절의 출전은 '바다출판사' 출간본입니다.

18. 나에게는 꿈이 있습니다

내 아이들이 피부색을 기준으로 평가하지 않고, 인격을 기준으로
사람을 평가하는 나라에서 살게 되는 꿈입니다.

•국내 출간물 : 좌로부터 바다출판사(2), 예찬사

　　제국주의 시대가 끝난 1945년 이후 미국사회에서 가장 영향력을 끼친 인물을 꼽으라면 보통 35대 대통령 케네디(1917-1963)와 흑인 인권운동가 마틴 루터 킹(1929-1968)을 말합니다. 같은 시대와 같은 공간에서 두 인물이 오늘의 미국을 보다 민주적이고 합리적이며 통합적인 사회를 만드는데 가장 공헌을 하였다는 것은 이론의 여지가 없습니다.

"국민 여러분, 조국이 여러분을 위해 무엇을 할 수 있을 것인지 묻지 말고, 여러분이 조국을 위해 무엇을 할 수 있는지 스스로에게 물어보십시오. 세계의 시민 여러분, 미국이 여러분을 위해 무엇을 베풀 것인지 묻지 말고, 우리 모두가 손잡고 인간의 자유를 위해 무엇을 할 수 있을지 스스로에게 물어보십시오."〈1961년 1월 20일, 미국 제35대 대통령 취임연설문의 한 대목〉

마틴 루터 킹은 미국의 침례교회 목사이자 흑인해방 인권운동가입니다. 그는 1968년에 비극적인 암살을 당하기 이전까지 인도의 간디사상을 기반으로 비폭력주의에 입각한 흑인들의 공민권 운동을 주도한 인물입니다.

• 워싱턴행진 : 연설하는 킹목사(1929-1968)

흑인의 차별을 철폐하고 미국의 오랜 흑백갈등을 평화적으로 해결하려고 노력한 그의 운동정신과 사상은 몽고메리 버스 보이콧운동과 워싱턴 대행진으로 나타났습니다. 아울러 미국을 보다 인권적이고 통합적인 사회로 만드는데 일조하였고, 세계적인 평화에도 기여하였으며, 그런 공로로 1964년에 노벨평화상을 받아 도덕적 정당성을 인정받게 되었습니다.

1. 킹목사의 사상적 원천을 찾아가다!

마틴 루터 킹의 사상적 원천은 그의 독실한 신앙입니다. 그는 자신을 성직자로 인도한 것은 초자연적인 기적이 아니라 인류를 위해 몸을 바쳐 봉사하겠다는 내적인 충동이라고 하였습니다. 그의 이런 순수하고 인간적인 마음은 평생을 그로 하여금 평화와 비폭력의 길로 이끌었다고 봅니다.

그러나 미국은 남북전쟁으로 흑인들에게 자유가 주어졌지만 백인들의 흑인들에 대한 멸시와 탄압은 여전히 심했습니다. 킹목사를 투쟁의 길로 나서게 만든 것은 이런 차별이지만, 결국 미국의 건국정신을 찾자는 소로우의 〈시민의 불복종〉이 동력의 근원입니다.

• 킹목사의 사상적 원천 : 소로우(미국), 톨스토이(러시아), 간디(인도)

문제는 방법론이었습니다. 그리고 그것을 해결해준 역사적 인물은 간디였습니다. 킹목사는 직접 인도로 건너가 간디의 발자취를 밟으며 평화적인 비폭력 운동의 힘과 지속성을 찾았습니다.

> 사랑이 우리의 운동의 이념적 근거가 되었다. 우리 운동에 혼과 동기를 불어넣은 것은 예수였고, 방법을 알려준 것은 간디였다.

간디가 추구한 인종간의 불평등과 차별의 해소, 식민지로부터 해방, 모든 인류를 동일한 존재로 보는 사해 동포주의는 킹목사의 가장 중요한 사상적 밑거름이라 하겠습니다.

2. 버스 보이콧운동, 흑백차별을 철폐하다!

몽고메리는 미국의 동남부에 위치한 앨라바마주(Alabama)의 주도(州都)이며, 흑인노예해방을 주창한 북부동맹과 싸웠던 남부동맹의 중심지입니다. 그만큼 이곳은 흑인에 대한 차별과 멸시가 미국내 어느곳보다 심했던 것입니다. 이곳에서 미국의 역사를 바꾸는 버스 보이콧운동이 시작되었습니다.

> 주님은 미국내에서 자유와 정의를 위한 투쟁이 가능한지, 그리고 승리가 가능한지를 실험하는 대상으로 몽고메리를 선택하신 것입니다. 남부동맹의 요람이었던 몽고메리가 자유와 정의의 요람으로 바뀌고 있다는 것은 거의 이 시대의 아이러니라고 하겠습니다.

버스 보이콧운동의 촉발은 아주 작은 일에서 시작되었습니다. 1955년 12월 1일에 몽고메리 페어백화점에서 일을 마친 흑인여성 로자 파크스(1913-2005)

는 백인 좌석과 유색인의 좌석으로 분류한 버스에 올라탔고, 그녀는 유색인 좌석에 앉았는데, 나중에 올라탄 백인들은 자신들이 앉을 자리가 없다며 그녀에게 자리를 비키라고 하였습니다.

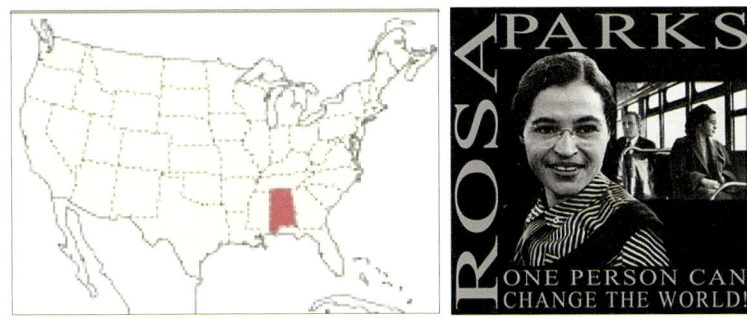
•버스 보이콧운동의 시작 : 몽고메리시와 로자 파크스

그녀는 거부하였고 백인들은 경찰을 불렀습니다. 경찰은 그녀에게 몽고메리시의 조례 6장 11절 '분리에 관한 법률' 위반 혐의로 체포하였고, 작은 이 사건이 나중에 미국뿐만 아니라 세계사를 바꾸는 거대한 파도가 되었습니다.

•영화속 장면 : 버스 보이콧운동

몽고메리의 흑인사회는 킹목사를 중심으로 버스타기를 거부하고 직접 걸어 다니거나 함께 차를 타고 가는 카풀(Carpool)이란 방식으로 차별에 저항하였 습니다. 그리고 운동의 방법은 비폭력이었습니다. 드디어 1956년 12월 20일 에 주법원에 의해 버스내의 인종분리를 금지하는 명령이 내려졌습니다. 그 해 12월에 미국 연방법원은 흑백차별이 위헌임을 판결하였습니다.

우리 운동을 증오의 운동으로 만들려고 하는 사람들이 있습니다. 우리 운동은 백인과 흑인 간의 싸움이 아니라 정의와 불의 간의 싸움입니다.

3. 버밍햄운동, 헌법의 가치를 생각하다!

인간은 개인이 되었을 때 고독하고 나약하지만 다수의 힘으로 뭉칠 때 거대한 산처럼 의연하고 깊은 바다처럼 포용적이 됩니다. 그리고 평화적인 방법으로 승리를 얻게되면 폭력으로 얻어지는 힘보다 훨씬 지속적이고 강력해 집니다.

그렇게 해서 확산된 것이 올버니운동입니다. 하지만 올버니주에서 시작된 보이콧과 상점거부운동은 조직의 치밀성과 운동의 장악력이 약해서 소기의 성 과를 거두지 못하였고, 그것의 반성으로 더욱 큰 버밍햄운동이 벌어졌습니다.

역사를 쓰는 사람이 있는가하면, 역사를 만드는 사람이 있고, 역사를 경험하는 사람 이 있습니다.

흑백차별이 심했던 버밍햄에서도 흑인들은 공민으로서 시민으로서 투표권의 행사에 제약을 받았으며, 직장내에서도 승진에 불이익을 받았습니다. 킹목사의 버밍햄운동은 투표권을 쟁취한 남부 흑인혁명의 성공이고, 이는 미국 권리장전

• 킹목사 당시의 미국내 흑인차별을 그린 영화 〈히든 피겨스〉 포스터(2017년)

과 독립선언서, 헌법, 그리고 노예해방선언이 되늦게나마 현실적으로 실현된 사례로서 기념될 것입니다.

4. 워싱턴행진, 자유를 얻다!

버밍햄운동의 승리이후 미국사회는 불공정한 흑백차별의 관행을 깨고 공정한 대우와 공평한 기회를 얻기 위한 투쟁으로 워싱턴행진을 기획하게 됩니다. 1963년 8월 28일에 행진이 시작되었습니다. 행진의 의미는 '자유와 직업을 위한 행진'이었고, 전국에서 무려 25만명이 참여하였습니다. 그중에서 미국의 가치를 외치는 백인 참여자의 숫자가 무려 6만명이었습니다.

지금 행진하지 않는다면 내일은 없습니다.

킹목사는 이곳에서 그 유명한 '나에게는 꿈이 있습니다' 라는 연설을 하였습니다. 여러 방송 매체에서 그것을 보여주었고, 인권과 평화를 사랑하는 흑인과 백인의 화합은 미국사회의 단결과 통합을 획기적으로 개선하는 역사로 이어지게 되었습니다.

•미국 현대사를 바꾼 워싱턴행진

내 아이들이
피부색을 기준으로 평가하지 않고
인격을 기준으로
사람을 평가하는 나라에서 살게되는 꿈입니다.

•워싱턴연설 : 나에게는 꿈이 있습니다

미국역사상 가장 위대한 자유시위로 기록될 오늘 이 시간으로 시작되는 연설은 미국의 건설, 독립선언서의 의미, 헌법의 가치를 중심으로 인간이 모두 평등하고 동등하게 대우받고 행복하게 미래를 꿈꾸는 미국을 만들어야 한다는 당위의 호소였습니다.

5. 오바마, 나에게는 꿈이 있습니다!

1965년 킹목사의 셀머투쟁은 투표권 쟁취를 위한 투쟁으로 앨라바마주 셀마시에서 일어났습니다. 차별의 반대에서 자유를, 그리고 그것의 행사를 위한 킹목사의 투쟁은 미국사회 전반을 바꾸는 사회혁명이었고, 그것은 뒷날에 미국 최초의 흑인 대통령 오바마(2009-2016)를 탄생시켰습니다.

•미국 최초의 흑인 대통령 오바마

오바마의 대통령 취임연설의 제목이 '나에게는 꿈이 있습니다'라는것은 이제 미국의 역사가 새로운 국면으로 접어들었다는 뜻입니다. 그리고 그것은 킹 목사가 꿈꾸었던 세상의 문에 미국이 한걸음 더 걸어왔다는 것을 말해줍니다.

"나에게는 꿈이 있습니다!"

✿ 성찰과 사색의 몇가지 틈새

1) 비폭력은 어떤 힘을 갖고 있나요?
2) 마틴 루터 킹목사의 꿈은 무엇인가요?
3) 워싱턴행진은 미국역사를 어떻게 바꾸었나요?
4) 미국에서 흑인 대통령의 당선이 갖는 의미는요?

19 1984

조지 오웰(1903-1950)

빅브라더와 정보통제

정보통제의 우두머리인 빅브라더는 여러가지 선전도구인 프로파간다(propaganda)를 구사한다. 대표적으로 전쟁은 오히려 평화를 가져온다는 '전쟁은 평화'라는 구호가 그 예라 하겠다. 통제의 방법으로 사용되는 텔레스크린은 직접적으로 국민을 감시하는 시스템이고, 골드스타인은 증오의 대상을 만들고 사회의 모든 문제를 증오대상에 피붓는 방식이다. 〈1984〉는 그런 빅브라더의 출현을 경고하고 있다.

 한 줄 키워드로 읽는 〈1984〉

묵시록, 빅브라더, 프로파간다, 텔레스크린, 골드스타인, 정보통제

과거를 지배하는 자는 미래를 지배한다.
현재를 지배하는 자는 과거를 지배한다.

전쟁은 평화, 자유는 예속, 무지는 힘!

그는 자신과의 싸움에서 승리했다. 그는 빅브라더를 사랑했다.

* 이 책에 인용한 구절의 출전은 '민음사' 출간본입니다.

19. 1984

과거를 지배하는 자는 미래를 지배한다.
현재를 지배하는 자는 과거를 지배한다!

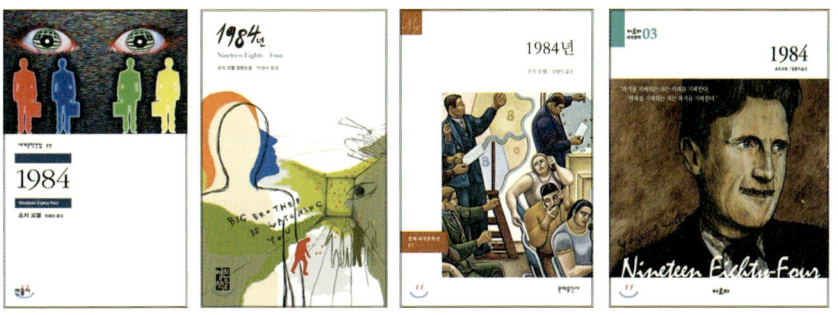

• 국내 출간물 : 좌로부터 민음사, 열린책들, 문예출판사, 아로파

　세계 근현대사에서 조지 오웰(George Orwell, 1903-1950)만큼 영향력과 파장이 큰 작가도 드물 것입니다. 그의 대표작인 〈동물농장〉과 〈1984〉는 세상에 나온지 100년이 넘지도 않았는데 이미 고전의 반열에 올랐고 작품도 무려 둘이나 되니 말입니다.

　조지 오웰은 영국인이지만 인도에서 태어났습니다. 어릴 때 이름은 에릭 아

•저자 : 조지 오웰(1903-1950)

서 블레어(Eric Arthur Blair)입니다. 그는 영국의 식민지 국가였던 미얀마에서 경찰을 지냈고, 영국에서는 노동자 생활을 하였으며, 스페인 내전에도 참전하였습니다. 이런 일련의 현실참여가 그의 풍자적이고 비판적인 작품과 정신세계를 만들었다고 보여집니다.

사실상 세계의 현대 문학사에서 조지 오웰의 〈1984〉와 〈동물농장〉 만큼 영향력과 언급이 된 문학작품은 흔하지 않습니다. 조지 오웰의 이 두 작품은 문학이란 차원은 물론이고, 정치사적 관점에서 더욱 많은 조망과 분석, 비판과 애정을 받아 왔습니다.

그 두 개의 작품 가운데 〈1984〉는 국가권력이 정보를 독점하고 인간과 사회를 어떻게 통제하고 변질시키는지 사실적이고, 섬뜩하면서 우울하게 묘사하고 있습니다. 오늘날 우리는 정말 그런 정보통제의 사회에서 자신도 모르게 살아가고 있는지 모릅니다.

1. 오웰, 시대를 비판하다!

오웰의 작품은 시대별 특성을 지니고 있습니다. 그것은 바로 현장의 체험과 그것을 예방하거나 극복하기 위한 사상과 전망을 작품에 담아 낸다는 것입니다. 역사 이래 피식민지를 지배하는 식민지 본국의 국민은 대체적으로 대상에 대한 우월감과 멸시감을 드러내는데, 오웰은 그런면에서 휴머니즘이 바탕에 깔려 있습니다. 그것이 식민지 백인 관리의 잔혹성을 비판한 〈미얀마의 나날〉입니다.

삶의 과정에서 나온 조지 오웰의 주요 작품			
(1) 식민지 생활	1903-1932	미얀마	미얀마의 나날
(2) 노동자 생활	1933-1938	영국 랭커셔	위건부두로 가는 길
(3) 혁명가 생활	1938-1945	스페인 내전	카탈루나 찬가
(4) 전체주의 비판	1945-1949	스탈린 비판	동물농장
(5) 정보독점 비판	1949	미소냉전	1984

영국으로 돌아온 오웰은 좌파 사회주의자들의 교조적 당파싸움과 보수주의자들의 파시즘 지지를 비판한 〈위건부두로 가는 길〉을 발표합니다. 그의 이런 시대인식은 스페인 내전에 참전하였다가 러시아의 배신으로 혁명이 실패한 경험을 담아 〈카탈루나 찬가〉로 이어집니다.

그리고 소련(소비에트 연방)의 공산독재를 비판하는 〈동물농장〉과 자본주의 발달에 따른 정보독점과 통제를 다룬 〈1984〉를 발표하면서 세계사적 반인류애, 파시즘, 독선, 광기를 고발하는 가장 뜨거운 작가로서 역사에 그 이름을 남겼습니다.

2. 묵시록의 숫자, 1984를 말하다!

묵시록(黙示錄)은 〈신약성경〉의 마지막 책인 요한계시록의 다른 말로 밧모섬에 유배된 사도 요한이 하나님의 계시를 받아 기록한 것으로, 세계의 종말, 새로운 천년왕국의 도래와 같은 예언을 초현실적 상징과 숫자 등으로 적고 있습니다. 13일의 금요일, 이마의 표식 666과 같은 상징은 기독교의 묵시론(록)적 숫자라 하겠습니다.

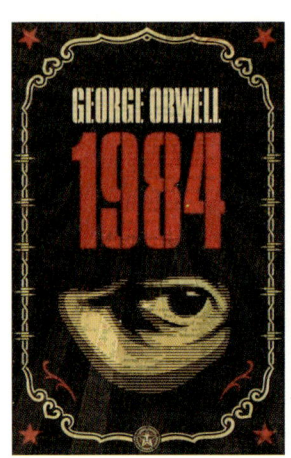  

•〈1984〉: 암울한 미래를 상징하는 숫자 '1984'

조지 오웰의 〈1984〉에서 암울한 미래사회의 모습은 그런 묵시론적 의미와 상징으로 말하고 있습니다. 이 작품은 본래의 제목이 〈유럽의 마지막 인간〉이었지만, 희망없는 미래를 암시하는 내용과 어울리지 않다는 출판사의 의견에 따라 묵시론적 숫자인 〈1984〉로 변경되어 출간되었습니다.

숫자인 1984의 유래에 대해서는 대체적으로 작품이 완성된 〈1948〉년의 끝 두자리 48년을 뒤집어서 암울한 사회를 역설적으로 표현한 것으로 추정

합니다.

　숫자를 뒤집었다는 말은 미래의 시간을 낙관적으로 생각하는 사고의 반대 입장으로 유토피아의 반대개념인 디스토피아를 담고 있다는 것입니다. 〈1984〉에는 대체적으로 1)가족해체, 2)노동소외, 3)사상통제, 4)소통부재의 미래사회를 암울하게 디스토피아적으로 그리고 있습니다.

3. 빅브라더는 누구인가요?

　2006년도에 만들어진 독일영화 〈타인의 삶〉이 있습니다. 독일이 통일되기 전인 1984년에 동독의 국가보안부(슈타지)는 10만명에 이르는 비밀경찰과 20만명이 넘는 스파이를 동원하여 오로지 '모든 것을 알아야 한다' 라는 단 하나의 목표를 두고 국민들을 감시합니다.

  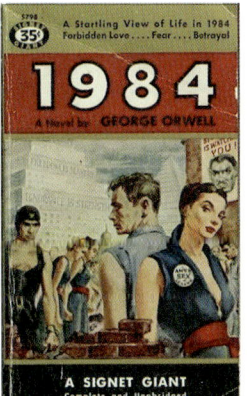

•통제와 감시 : 〈타인의 삶〉, 〈남쪽으로 튀어〉, 〈1984〉의 영화 포스터

2013년에 한국에서 제작한 영화 〈남쪽으로 튀어〉도 일상적으로 국민을 감시하고 통제하는 내용이 나옵니다. 주인공은 부당한 국가권력의 개인지배에 반대하며 간섭이 없는 남쪽의 이름없는 섬으로 이주하려고 합니다.

두 영화에 나타난 감시와 통제, 이른바 근대 시민국가의 시대에도 독재권력은 일상적으로 무력한 개인을 겨냥합니다. 빅브라더는 이런 유형의 감시체제를 말합니다.

〈1984〉에 나타난 빅브라더의 통제방식			
프로파간다	텔레스크린	골드스타인	스파이단
선전, 선동 구호, 표어	죄중단, 분할대화	증오 대상화 2분간 증오	감시자 양산

〈1984〉에서 빅브라더는 여러 가지 선전도구인 프로파간다(propaganda)를 구사합니다. 대표적으로 전쟁은 오히려 평화를 가져온다는 '전쟁은 평화'라는 구호가 그 예라 하겠습니다.

텔레스크린은 직접적으로 국민을 감시하는 시스템이고, 골드스타인은 증오의 대상을 만들고 사회의 모든 문제를 증오 대상에 퍼붓는 방식입니다. 우리나라의 경우에는 북한이, 북한의 경우에는 미국과 남한이 그 대상이 되는 것과 같다고 볼 수 있습니다.

4. <1984>, 통제사회를 보여주다!

<1984>의 주인공 윈스턴 스미스는 영국사회당의 우두머리인 빅브라더가 통치하는 오세아니아에 살고 있습니다. 이때 세계는 오세아니아, 유라시아 이스트 아시아라는 3개국으로 분할이 되었고, 끊임없는 전쟁으로 세력균형의 평화를 유지하고 있습니다. 긴장으로 권력을 유지하고, 철저한 예속으로 자유를 구가하고, 바보가 될수록 사회적 대우를 받는 역설의 나라입니다.

세계 3대국가를 지탱하는 철학		
오세아니아	유라시아	이스트 아시아
영사(영국사회당)	신 볼셰비즘	죽음 숭배

사회 곳곳에는 텔레스크린이 국민의 일상을 감시하고, 건물마다 '빅브라더가 당신을 주시하고 있다'며 협박합니다. 과거의 모든 기록은 현재와 미래의 권력을 위해 조작합니다. 그러면 국민들은 무엇이 진실인지 거짓인지 판단하지 못하며 거짓을 진실로, 진실을 거짓으로 알게 되는 이중사고를 하게 됩니다.

국민들의 언어생활도 정상적 판단을 하지 못하도록 신조어를 만들어 세뇌시킵니다. 이중사고는 더욱 굳어지게 됩니다. 국민들은 감시체제 아래서 하고 싶은 말이 있으면 중산 숭산에 넣어서 합니다. 텔레스크린이나 숲에 숨어있는 녹음기를 피하기 위함입니다. 이른바 분힐대화입니다.

사회는 점차로 공포와 증오의 고통만이 있고, 감정의 존엄성이나 깊고 미묘한 슬픔 따위는 없습니다. 이곳에서 아이는 부부의 사랑이 만든 결실이 아니라 오로지 국가와 당에 봉사하는 숫자에 불과합니다.

•영화속 장면 : 통제와 감시, 텔레스크린과 빅브라더

　길들여진 국민들은 자신들이 어떤 행위나 말이 당과 국가에 반한다고 생각하면 곧바로 자아비판을 하는데 이를 죄중단이라 합니다. 이것들이 빅브라더가 만든 통제사회의 인간들 모습입니다.

①빅브라더	②텔레스크린	③흑백	④이중사고
사회통제 시스템	감시 시스템	흑을 백이라 하는 당에 대한 충성심	거짓과 진실을 모두 믿는 생각
⑤분할대화	⑥골드스타인	⑦죄중단	⑧2분간 증오
감시를 벗어나고자 말을 끊어하는 것	가상의 적을 설정. 증오의 대상화	본능적으로 생각을 멈춤. 자기검열	증오 대상에 대한 지속적 증오감

5. 전쟁은 왜 평화인가요?

　빅브라더가 지배하는 오세아니아의 정부 명칭은 평화부, 진리부, 애정부, 풍요부입니다. 그런데 하는 일은 이름과 반대입니다. 평화부는 전쟁을 맡고, 진리부는 거짓을 생산하고, 애정부는 고문을, 풍요부는 굶주림 문제를 맡고 있습니다. 거짓과 진실이 뒤바뀐 사회를 풍자하고 있습니다.

전쟁은 평화,
자유는 예속,
무지는 힘!

　통제사회에서 자유로운 인간은 통제를 순수하게 받아 들이는 노예적 국민뿐입니다. 지속적인 프로파간다에 노출되고 상시적인 텔레스크린과 골드스타인에 의식이 마비된 사람들에게 자유는 오로지 '예속'에서 오는 것입니다.

•빅브라더 : 정보통제와 지배의 상징적 인물

　과거를 조작하고, 미래를 예측하지 못하게 만들면, 비교의 대상이 없게 되고, 자신들이 압제를 받고 있으며, 노예라는 것을 인식하지 못하게 됩니다. 무지는 비로소 힘이 되는 것입니다.

과거를 지배하는 자는 미래를 지배한다.
현재를 지배하는 자는 과거를 지배한다.

그리고 비판과 저항을 없애기 위해 끊임없이 전쟁을 일으킵니다. 전쟁이 각 국 간의 균형을 이루고 한시적인 평화를 유지합니다. 전쟁을 통해 부를 창출하고, 사회를 통제하고, 반대파를 숙청하는 수단인 것입니다.

6. 자유의지, 어디에서 찾을까요?

윈스턴 스미스는 빅브라더의 존재를 의심하고, 과거의 기록이 조작되었다는 것을 인지하며, 끊임없이 자유의지를 가지려고 노력합니다. 하지만 감시사회에서 그의 존재는 노출이 되고, 결국에는 체포됩니다. 감방에는 텔레스크린의 호통이 흘러 나옵니다. 죄수들에 대한 사상개조가 한창인 것이죠.

이때 윈스턴은 감방에서 이웃집 동료였던 파슨스를 만납니다. 파슨스는 '빅브라더를 타도하라는 잠꼬대를 하였는데 열쇠구멍으로 엿들은 일곱살 짜리 딸이 고발하여 사상죄로 감방에 왔다'고 합니다. 그런 그가 '체포된 것을 고마워하네. 그렇지 않았다면 더 큰 죄를 지었을거야' 라면서 오히려 다행스런 표정을 하고 있습니다.

옛날 전제군주의 명령은, '너희들은 이렇게 해서는 안된다' 는 식이었고,
전체주의자의 명령은, '너희들은 이렇게 해야된다' 는 식이었지만,
우리의 명령은, '너희들은 이렇게 되어있다' 는 식이네!

무엇을 하지마라는 명령의 사회는 그나마 반항이 있습니다. 이렇게 하라고 강요하는 사회는 그렇게 하지 않는 사람이 있다는 반증입니다. 그런데 빅브라더의 오세아니아는 이미 이렇게 되어 있다고 합니다.

•〈1984〉 영화 포스터

통제가 이루어지고 세뇌가 이루어져 저항이나 의심이 없는 순종의 사회, 디스토피아의 먹구름이 이미 사회를 덮은 것입니다. 유일한 인간, 의심하는 인간, 저항하는 인간 윈스턴 스미스도 고문을 받고 세뇌를 당하고, 결국에는 모든 죄를 인정하고 죽음에 이르면서 어느덧 자신도 모르게 빅브라더의 신민(臣民)이 되어 있었습니다.

그는 자신과의 싸움에서 승리했다. 그는 빅브라더를 사랑했다.

7. 정보화 사회, 우리의 미래는 어떠할까요?

한국이 낳은 세계적 비디오 아트미술의 거장인 백남준(1932-2006)은 1984년 1월 1일(미국시간)에 인공위성을 통해 한국, 일본, 독일, 미국, 프랑스를 연결하는 〈굿모닝 미스터 오웰 1984〉라는 텔레비전 쇼를 연출하였습니다. 미디어의 발달로 오웰의 〈1984〉가 보여주는 암울한 미래상이 절반은 맞았고, 절반은 다른 선택이 있다는 낙관적 미래상을 보여주기 위함이었습니다.

•백남준의 비디오 아트 : 〈굿모닝 미스터 오웰 1984〉

그런데 정말로 오늘의 정보화 사회, 자본주의 미래는 암울한 미래상을 그린 〈1984〉의 디스토피아에서 벗어날 수 있는 것일까요?

정보기기의 발달로 개인도 쉽게 정보를 생산하고 소비하며, 가상공간에서 이루어지는 만남이 많아지는 세상, 기존의 소통 방식과는 다른 소셜미디어(SNS)의 역할이 커지고, 서로 쉽게 지인과 가상공간에서 만나고 통화하고, 아울러 가상의 모임을 만들어 수많은 얘기를 나누는 시대에 우리는 정말로 자유의지를 갖고 사는지 생각해볼 문제입니다.

◎ 성찰과 사색의 몇가지 틈새

1) 제목이 〈1984〉인 이유는 무엇일까요?
2) 빅브라더는 누구를 말하는가요?
3) 통제의 방식은 어떻게 있나요?
4) 디스토피아는 어떤 개념인가요?

20 법의 정신

몽테스키외(1689-1755)

3권분립과 법의 정신

몽테스키외는 당대의 정치, 경제, 철학, 법률 등 수많은 계몽사상 가운데 법과 정치와 권력의 문제를 주로 연구하고 성찰하였다. 그는 1728년 이후로 각국을 여행하고 수많은 정치가, 사상가와 교류하면서 자연적 질서를 정치, 법률에 적용하여 견제없는 권력의 독점을 비판하였다. 그의 계몽사상과 3권분립의 정치철학은 바로 〈법의 정신〉에 담겨 있다.

 한 줄 키워드로 읽는 〈법의 정신〉

전제주의, 공화주의, 민주주의, 3권분립, 입법권, 집행권, 재판

동일한 사람 또는 동일한 관리 집단의 수중에 입법권과 집행권이 한데 모일 때 자유는 존재하지 않는다.

전제권력의 본질은 그 권력을 행사하는 유일한 인간이 그것을 역시 단 한사람에게 위임한다는 것이다.

민주 정체에서 인민은 어떤 면에서는 군주이기도 하고 어떤 면에서는 신민(臣民)이기도 한다. 인민은 자신의 의지의 표현인 투표에 의해서만 군주가 될 수 있다.

* 이 책에 인용한 구절의 출전은 '책세상' 출간본입니다.

20. 법의 정신

인민은 자신의 의지의 표현인 투표에 의해서만 군주가 될 수 있다.

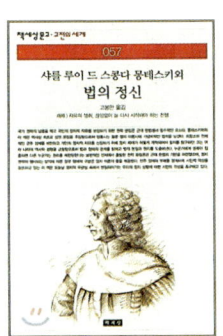  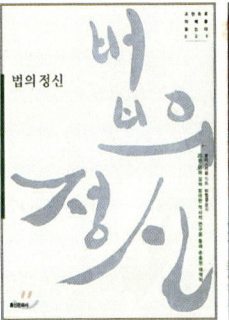 

• 국내 출간물 : 좌로부터 책세상. 동서문화사. 홍신문화사.

몽테스키외(1689-1755)는 프랑스 보르도 지역의 유력한 귀족가문에서 태어났으며, 보르도 지역에서 법학을 공부하였고, 보르도 고등법원의 원장(1716-1726)까지 지냈습니다. 당시의 유럽사회는 절대왕정의 전제권력에 대한 비판과 저항이 거세게 몰아치는 격변의 시대였습니다.

몽테스키외는 당대의 정치, 경제, 철학, 법률 등 수많은 계몽사상 가운데 법과 정치와 권력의 문제를 주로 연구하고 성찰하였습니다. 그는 1728년 이후로 각국을 여행하고 수많은 정치가, 사상가와 교류하면서 자연적 질서를 정치, 법률에 적용하여 견제없는 권력의 독점을 비판하였습니다. 그의 계몽사상과 3권분립의 정치철학은 〈법의 정신〉(1748)에 담겨 있습니다.

1. 〈법의 정신〉은 어떻게 탄생했을까요?

•저자 : 몽테스키외(1689-1755)

유럽에서 1500년대부터 1700년대까지 3백여년의 역사는 절대왕정의 시기였습니다. 봉건제를 무너뜨린 절대왕정은 나름대로의 역사적 역할은 있었지만 국왕의 권력은 신성하다는 군권신수설(君權神授說)에 의해 점차 독재적 성격으로 변모해 갔습니다.

몽테스키외는 영국에 망명하던 시절, 유럽사회에서 영국이 변방에서 중심으로 성장하고 발전하고 있는 이유는 시민의 자유가 확대되고 보장되는 정치체제 때문이라고 보았으며, 국가와 국왕의 권력을 견제해야만 시민의 자유가 보장된다는 사실도 인식하였습니다. 이것이 1748년에 〈법의 정신〉을 쓰게 된 역사적 동기라 하겠습니다.

몽테스키외의 3권분립 정치철학에 대해, 스위스의 박물학자이자 자연과학자인 샤를 보네(Bonnet:1720-1793)는 '뉴턴은 물리세계의 법칙을 발견하였고, 몽테스키외는 정신세계의 법칙을 발견하였다' 고 말했습니다.

> 동일한 사람 또는 동일한 관리 집단의 수중에 입법권과 집행권이 한데 모일 때 자유는 존재하지 않는다.

몽테스키외는 〈법의 정신〉에서 권력남용과 독점의 악순환이 반복되는 것은 권력을 견제하지 못하는 체제 때문이라 보았으며, 이를 위해 입법, 사법, 행정이 분리되고 서로 견제해야 한다는 3권분립의 원리를 제시하였습니다.

2. 자연법과 실정법의 원리는 무엇인가요?

3권분립의 목적은 인간의 자유를 보장하는데 있다고 말합니다. 몽테스키외는 우선 자연법과 실정법을 분석하여 윤리의 보편적 기준인 인간 자유를 보장하는 것이 왜 의미가 있는지 설명합니다.

• 몽테스키외를 기념하는 여러 흉상

그의 자연법 이론에 따르면 자연상태의 인간은 1)타인이 공격을 받기 싫어하고 남을 공격하지 않으려는 평화를 추구하고, 2)먹을 것을 추구하는 생존의 요구가 있으며, 3)남녀 양성으로 구성되어 있기에 종족본능이 있고, 4)그리고 사회를 구성하고 살려는 경향을 지닌다고 하였습니다.

그런데 역사의 발전에 따라 인간들은 나약한 자신을 잊고 서로 증오하고 전쟁을 일으키고 삶을 파탄시키려 합니다. 이를 위해 서로간의 존재를 유지하기 위한 실정법, 곧 만민법이 필요한 것입니다.

만민법은 마땅히 다음의 원칙 하에 성립한다. 여러 민족은 각자의 참된 이익을 손상하는 일이 없이 평화시에는 서로 최대한의 선을, 전쟁 시에는 서로 최소한의 악을 행해야 한다.

따라서 몽테스키외는 〈법의 정신〉에서 '인류의 평화, 개인의 자유를 위해서는 자연법에 가장 부합한 정부를 선택해야 하며, 이를 위해서는 모든 인민들의 의지가 결합되어야 할 것입니다. 이 의지들의 결합이 시민상태라 불리는 것이며, 법의 정신이 실현되는 국가이자 정부가 되는 것'이라고 말합니다.

따라서 평화야말로
첫 번째 자연법일 것이다.

3. 공화 정체, 군주 정체, 전제 정체

몽테스키외는 〈법의 정신〉에서 공화정체, 군주정체, 전제정체 등 3가지 정치체제를 분석하고 있습니다. 1)공화정체란 인민 전체 혹은 단지 인민의 일부가 주권을 갖는 정체이고, 2)군주 정체란 군주 한 사람이 통치하지만 합법적 절차를 통해 제정된 법을 따르는 정체이고, 3)전제 정체는 군주 한 사람이 법이나 규칙도 없이 오로지 자신의 의지나 기분에 따라 모든 일을 처리하는 정체로 규정하고 있습니다.

공화 정체		군주 정체	전제 정체
민주 정체	귀족 정체	기본법의 존재 군주가 주권자	기본법 무시 군주의 독단
주권 소유 인민 전체	주권 소유 인민 일부		
덕성이 필요		법의 힘이 필요	억제된 군주의 팔(명령)

공화 정체 가운데 민주 정체는 인민 각자가 군주이고, 자신의 의지의 표현인 투표를 통해서 군주가 될 수 있지만, 귀족 정체에서 대다수 인민은 군주 정체에서의 신민(臣民)과 다를바 없다고 하겠습니다.

귀족 정체는 소수가 인민에게 봉사할 때 바람직하지만, 숫자가 늘어나고 그들이 지배받는 세력을 노예처럼 만들때 가장 불합리한 정치체제가 되는 것입니다.

민주 정체에서 인민은 어떤 면에서는 군주이기도 하고 어떤 면에서는 신민(臣民)이기도 한다. 인민은 자신의 의지의 표현인 투표에 의해서만 군주가 될 수 있다.

군주 한 명이 다스리는 군주 정체는 귀족들의 권력독점이 없는 모든 인민들이 한 군주의 신민이란 점에서 평등하지만, 제도나 규율이 아닌 개인 군주의 순간적이고 자의적 의지가 실행되는 경우에는 어떤 기본법도 없게 되기 때문에 위험합니다.

전제 정체는 본질적으로 극도의 복종을 필요로 한다.

그리고 견제하는 귀족이 없을 경우에 그것은 전제 정체로 나아갑니다. 오로지 한 사람에게 권력이 있는 경우에 그것은 자칫 향락적, 나태, 무능으로 갈 가능성이 많습니다.

4. 몽테스키외의 3권분립

그래서 이제 그것의 대안으로 3권분립이 나오게 됩니다. 몽테스키외는 〈법의 정신〉에서 국가의 권력에는 3가지의 종류가 있음을 말합니다.

그것은 입법권, 집행권, 재판권입니다. 이것들 3가지 권력은 각자가 자신만의 권력을 소유하고, 다른 권력을 갖지 않아야 하며, 2개 이상의 권력을 가지면 힘의 균형이 무너지게 됩니다. 따라서 3권이 각각 분립이 되어야 견제와 균형이 이루어진다고 하였습니다.

입법권(立法權)	집행권(執行權)	재판권(裁判權)
만민법의 제정	법에 따른 업무의 집행	분쟁, 처벌의 재판

몽테스키외는 인간의 자유를 보장하기 위한 정치이념으로 3권분립을 말하였고, 그것의 바탕은 신이나 초월성이 아닌 현실정치, 인간사회에서 구하고자 하였습니다. 계몽시대의 철학은 신이 아닌, 자연과 인간입니다.

시민에게 정치적 자유란 각자가 자신의 안전에 대한 권리를 갖는다는 생각에서 유래하는 정신적 안정이다. 그리고 시민이 이러한 자유를 갖게 하기 위해서는 정부는 한 시민이 다른 시민을 두려워 하지 않도록 보장해 주어야 한다.

• 한국의 3권분립 : 대법원, 국회의사당, 정부종합청사, 청와대

그는 〈법의 정신〉에서 자유를 향한 인간의 사랑을 본능이라 하면서, 그 자유를 지키기 위해 법이 필요하다고 말합니다. 아울러 자연상태의 모든 사람들은 평등하지만, 현실은 평등을 잃게하며, 따라서 모든 인간이 평등하려면 법에 의해 평등해져야 한다고 하였습니다. 그의 법정신은 자유, 행복, 평등이었고, 이것은 계몽시대의 보편적 이념이었습니다.

5. 우리나라의 민주 정체를 생각합니다!

대한민국의 헌법 제1조는 민주공화국으로 시작합니다. 수천년동안 군주 1인의 왕정 국가였고, 시대에 따라서는 귀족 정체, 관료 정체를 가졌지만 그 핵심은 군주 1인의 국가였습니다.

19세기말에서 20세기초에 우리나라는 근대의 물결에 동참하였고, 동아시아 근대정신인 반봉건, 반외세의 투쟁에도 적극적이었고, 일본제국주의 식민지 정책에 단호하게 저항하였습니다. 그리고 동아시아에서는 가장 이른 시기에 공화정체인 대한민국 임시정부(1919년)를 수립하였습니다.

1945년 해방이후 비록 남한만의 단독선거로 정부를 재구성하였지만, 국민들의 투표와 제헌헌법(制憲憲法)에 근거한 민주공화국의 정부였다는 점에서 역사적 의미가 있습니다. 그러나 여러 정치적 사건들로 인하여 그간 〈대한민국 헌법〉은 수차례 개정이 되었습니다.

• 국내 출간물 : 주니어 김영사, 한국헤르만헤세

이는 아쉽게도 몽테스키외가 〈법의 정신〉에서 언급한 3권분립의 가치와 이를 바탕으로 하는 헌법정신을 우리가 충실하게 지키지 못했다는 반증이기도 합니다. 그래서 헌법의 제1조는 오늘날에도 여전히 우리에게 3권분립에 기반한 민주공화국의 미래를 생각하게 만드는 경구(驚句)처럼 들립니다.

"대한민국은 민주공화국이다!
대한민국의 주권은 국민에게 있고,
모든 권력은 국민으로부터 나온다!"

🍀 성찰과 사색의 몇가지 틈새

1) 몽테스키외는 법의 목적을 무엇이라 했나요?
2) 개인의 자유는 어떻게 보장되나요?
3) 3권분립이 필요한 이유는 무엇인가요?
4) 대한민국 헌법의 민주공화국은 어떤 의미인가요?

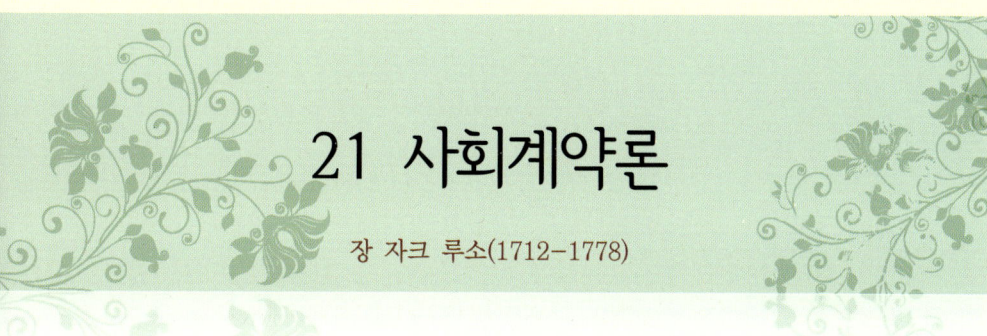

21 사회계약론

장 자크 루소(1712-1778)

자연권과 사회계약

루소는 〈사회계약론〉에서 자연상태의 인간은 평등하고 자유를 위해 타인에게 침해당하지 않을 권리가 있다고 한다. 상대방도 마찬가지이다. 그러면 둘 사이에는 해결할 수 없는 만인에 의한 만인의 투쟁이 반복된다. 이를 위해 필요한 것이 사회계약이고, 이것을 국가라고 부른다.

 한 줄 키워드로 읽는 〈사회계약론〉

자연권, 생명권, 특수의지, 일반의지, 투표, 국가, 정부

사람은 자유롭게 태어났다. 하지만 여기저기 쇠사슬에 묶여 있다.

국가 모든 구성원의 변치 않는 의지가 일반 의지이며, 이 일반의지를 통해 비로소 그들은 시민이 되고, 자유로운 사람이 되는 것이다!

수동적으로는 구성원들로부터 '국가'라고 불리고, 능동적으로는 '주권자'라고 불린다.

* 이 책에 인용한 구절의 출전은 '동서문화사' 출간본입니다.

21. 사회계약론

사람은 자유롭게 태어났다.
하지만 여기저기 쇠사슬에 묶여 있다.

• 국내 출간물 : 좌로부터 동서문화사, 문예출판사, 산수야, 신원문화사

장 자크 루소(Jean-Jacques Rousseau:1712-1778)는 스위스의 제네바 출신입니다. 어린 시절에 숙부의 집에서 살면서 공장의 심부름꾼으로 소년기를 보냈습니다. 루소가 프랑스인이 아니고 학교를 다니지 않은 것은 그가 나중에 혁명을 지향하고, 전인교육의 주창과 더불어 제도권 교육을 비판하는 근거가 됩니다.

•저자 : 장 자크 루소(1712-1778)

루소는 16세가 되어 제네바를 떠나 방랑의 세월을 보내다가 운명적으로 어머니같은 바랑 남작부인을 만나 공부도 하고, 학구적인 성장을 하게 됩니다. 그녀는 루소에게 어머니같은 깊은 사랑과 연인같은 부드러운 사랑을 주었고, 루소의 사상에 가장 깊은 영향을 끼쳤습니다.

지식인 세계에 나선 루소는 파리에서 백과사전을 편찬하는 디드로, 종교와 법의 관용성(톨레랑스)을 내세운 볼테르 등 계몽사상가와 친교를 맺고, 영국 의회혁명의 사상적 기반을 제공한 로크와도 깊은 우정을 남기게 됩니다. 그의 계몽적 혁명사상은 이런 교우(交友)속에서 더욱 강인해졌습니다.

이런 인연들이 루소에게 역사에 길이 남을 〈인간 불평등 기원론(1755)〉, 〈사회계약론(1762)〉, 〈에밀(1762)〉 등을 저술하게 만들었는지 모릅니다. 그의 저술에 나타난 진보적 사상은 프랑스 대혁명의 밑거름이 되었고, 근대 시민국가의 정치적 이상을 상징하고 있습니다.

1. 계몽사상, 혁명에 불을 당기다!

계몽사상은 인간의 의식과 행위가 신이 아닌 인간 자신의 이성에 의해 형성되고 행동해야 한다는 사조의 하나로, 17세기말부터 18세기에 프랑스에서 일어났습니다. 그리고 이것은 근대 시민국가를 세우는 프랑스혁명의 사상적 배경이 되었습니다. 루소는 그 계몽사상의 중심인물입니다.

계몽사상의 뿌리는 봉건제를 무너뜨리고 절대왕정의 이론적 기반이 된 홉스(리바이어던), 의회 민주주의 제도를 형성한 로크(시민정부론) 등 영국에서 시작되었지만, 그 열매는 프랑스에서 맺었다고 할 수 있습니다.

• 프랑스 대혁명 : 민중을 이끄는 자유의 여신과 콩코드 광장의 단두대

프랑스 계몽주의자인 볼테르(1694-1778)는 〈철학서간〉에서 법의 관용(톨레랑스)을 주장하였고, 몽테스키외(1689-1775)는 〈법의 정신〉에서 인간자유의 보호를 위해 권력을 견제해야 한다는 3권분립을 내세웠습니다.

디드로(1713-1784)는 〈백과전서〉를 편찬하고 지식의 공유와 보편적 지식을 추구하였으며, 루소(1712-1778)는 〈인간 불평등 기원론〉과 〈사회계약론〉에서 인민주권이 실현되는 공화정의 수립을 말했습니다. 계몽사상은 자유주의, 진보주의, 사회주의, 사회진화론, 실증주의 등 여러 분야에 막대한 영향을 끼치게 됩니다.

2. 모든 권력은 자연에서 나온다!

보통의 사람들은 숲에서 강도를 만나면 지갑을 내주고 겁에 질려 도망갑니다. 하지만 마음속으로 흔쾌히 지갑을 주는 사람은 없습니다. 그것은 폭력이고 양심은 폭력에 굴복하지 않기 때문입니다. 루소는 권력이 폭력에서 나온다고 하지 않습니다. 그것은 폭력일 뿐입니다.

> 모든 권력은 신에게서 나온다.
> 이것은 나도 인정한다.
> 그러나 모든 병 또한 신에게서 나온다.
> 그렇다면 의사를 불러서는 안된다는 말일까?

루소는 〈사회계약론〉에서 '자식들은 인간으로서, 그리고 자유인으로서 태어난다. 그들의 자유는 그들의 것이며, 그들 이외의 아무도 그것을 마음대로 처분할 권리가 없다'고 단호하게 말합니다.

> 자식들은 인간으로서, 그리고 자유인으로서 태어난다. 그들의 자유는 그들의 것이며, 그들 이외의 아무도 그것을 마음대로 처분할 권리가 없다.

• 루소의 대표 저작물 : 〈인간 불평등 기원론〉, 〈사회계약론〉, 〈에밀〉, 〈참회록〉

설령 권력이 국가라 할지라도 그 국가에게는 국가의 적으로 삼을 수 있는 것은 다른 국가일 뿐이고, 사람들을 적으로 삼을 수는 없다고 말합니다. 루소의 인간중심, 자연에서 생성된 권력은 인간의 고유한 것이기 때문에 어떤 국가, 기관, 제도라도 자연을 우선할 수 없다는 것입니다.

3. 사회계약이 필요하다!

•국내 출간물 : 김영사, 예림당

루소는 어느 누구도 자연적으로 상대를 지배할 권리는 없다고 합니다. 자연상태에서 그런 권리를 가져오지 않은 이상 인간 사이에 성립되는 정당한 권리의 기초는 오로지 약속뿐이 되는 것입니다.

사람은 자유롭게 태어났다. 하지만 여기저기 쇠사슬에 묶여 있다.

그런데 인간들이 자유롭지 못한 것은 사회적 불평등이 지속되기 때문입니다. 자연상태에서 불평등은 일시적 불평등으로 그것이 항구적이지 않지만 사회적 불평등은 신분, 재산, 제도, 법, 권력에 의해 지속되기 때문입니다. 따라서 자연상태의 인간은 평등하고 자유를 위해 타인에게 침해당하지 않을 권리가 있습니다. 상대방도 마찬가지입니다. 그렇지 않으면 둘 사이에는 해결할 수 없는 만인에 의한 만인의 투쟁이 반복됩니다. 이 때문에 필요한것이 사회계약인 것입니다.

　구성원 하나하나의 신체와 재산을, 공동의 힘을 다하여 지킬 수 있는 결합 형식을 발견하는 것, 그리고 그것으로 저마다 모든 사람과 결합을 맺으며 자기 자신 이외에는 복종하지 않고 전과 다름없이 자유로울것, 이것이야말로 사회계약이 해결해 주는 근본적인 문제이다.

4. 국가는 어떻게 탄생할까요?

　개인들의 사회계약으로 형성된 그것을 우리는 국가라고 부릅니다. 개별적인 의지와 생명과 주권을 위임받은 국가는 그것으로 전체의 생명과 의지를 갖습니다.

　그래서 수동적으로는 구성원들로부터 '국가'라고 불리고, 능동적으로는 '주권자'라고 불리웁니다. 또한 비슷한 것들끼리 비교할 때는 '권력체'라고 불리웁니다.

　이 단체는 집회에서의 투표자와 같은 수의 구성원으로 이루어진다. 또 이같은 행위를 통해 그 통일된 공동체의 정체성과 생명, 의지를 부여받는다.

　이와같이 모든 사람들의 결합으로 형성되는 이 공적인 인격은, 예전에는 도시국가라고 불렀으나, 지금은 공화국 또는 정치체라 불린다.

　국가의 구성원에 대해서는 집합적으로 '인민'이라 하며, 그 하나하나에 대해서는 주권에 참여한다는 의미에서 '시민'이고, 국가의 법률에 복종한다는 의미에서 '국민(백성)'이라 합니다.

> 수동적으로는 구성원들로부터 '국가'라고 불리고, 능동적으로는 '주권자'라고 불린다.

따라서 루소의 〈사회계약론〉에 근거하면 인민은 투표를 하는 시민이고, 사회계약에 의한 국민일 뿐입니다. 국가에 예속되거나 국가의 의무를 갖는 국민은 없습니다.

5. 일반의지는 어떻게 구현되나요?

루소는 주권을 양도할 수 없는 신성한 권리라고 말합니다. 그것은 국가의 여러 일들을 지도할 수 있는 것이 오직 '일반의지'뿐이기 때문입니다. 그렇다면 일반의지는 어떻게 구현이 되는것일까요? 바로 주권의 행사가 '일반의지'입니다.

> 구성원 하나 하나를 그 모든 권리와 더불어 공동체 전체에 대해 전면적으로 양도하는 것이다.

국가를 구성하는 주체로서 인민은 자신의 주권을 행사하고, 그것이 '일반의지'로 합해질때 국가의 의지가 실현되므로, 결코 양도할 수 없는 것이 됩니다.

인간은 누구나 현실사회에서 불평등한 의지를 갖습니다. 그것은 개인의 여러가지 신체, 재산, 지식 정도의 차이에서 오는 어쩔 수 없는 차이입니다. 이런 모든 특수의지를 단순하게 합하면 전체의지가 됩니다. 국가는 이런 전체의지의 총합이 아닙니다.

특수의지	전체의지	일반의지
개인이 갖는 개별의지	특수의지의 단순총합	특수의지의 공공부분

개인의 특수의지에서 공공성을 지향하고 그것이 합해지면 '일반의지'라 합니다. 따라서 전체의지에서 특수의지의 상쇄하는 과부족을 빼면 공공성을 지향하는 '일반의지'가 됩니다.

6. 일반의지, 정부를 구성하다!

사회계약에 의해 인민은 정치체에 존재와 생명을 부여했습니다. 정치체는 입법권이라는 의지를 갖고, 힘에 해당하는 집행권을 부여받습니다. 이것이 바로 인민들이 '일반의지'로 구현한 정부입니다.

따라서 정부는 주권자의 공적인 하인이라 부르는 공복(公僕)입니다. 어떤 정부도 주권자의 총합인 국가를 대체할 수 없고, 주권자의 권리를 넘을 수 없습니다. 정부는 단지 국가라는 정치체의 의지를 실현하고 집행하는 공복이기 때문입니다.

루소는 정부의 구성에 대해 주권자의 투표에 의해 이루어지고, 국가 구성원은 '일반의지'에 의해 시민이 되고, 자유로운 사람이 된다고 하였습니다.

국가 모든 구성원의 변치 않는 의지가 '일반의지'이며, 이 '일반의지'를 통해 비로소 그들은 시민이 되고, 자유로운 사람이 되는 것이다.

그런데 만일 정부가 주권자의 '일반의지'를 왜곡하거나 탄압을 가할 때 주권자는 이에 대해 계약의 해지를 할 수 있습니다. 정부는 계약의 주체가 아니므로 이는 정부의 전복, 해체입니다. 이를 정치학에서는 저항권, 혁명권이라 하였습니다.

•삼부회 기록화 : 프랑스 대혁명의 도화선

7. 루소, 그 이후의 시민국가

봉건제에서 모든 인민은 봉건영주의 노예이며 불평등한 상태를 지속합니다. 모든 사람들의 자유와 평등의 권리는 누구에게 받는 것이 아니라 자연상태에서 태어난 순간부터 발생한 천부적인 것인데 왜 인민들은 노예상태에서 벗어나지 못하고 있는 것일까요?

루소는 〈인간불평등 기원론〉에서 문명이란 이름의 사회적 조건이 불평등의 원천이며 그 정점에 소유제, 신분세습, 권력장악이 있다고 보았습니다. 따라서 불평등을 없애려면 우선적으로 절대군주를 내세워 모든 인민들이 그 아래 불평등하지만 서로가 모두 평등해지는 상태를 만듭니다. 그리고 군주를 제거하면 인민은 완전한 평등에 이릅니다.

이를 한마디로 정의하면 '절대군주 아래 모든 인민은 평등해진다, 그리고 절대군주를 제거하면, 모든 인민들은 완전하고 구속없는 평등을 얻는다'라고 할 수 있습니다.

• 테니스 코트의 선서 : 1789년 6월 20일, 프랑스 헌법 제정의 시발점

사회계약은 자연적 평등을 파괴하는 것이 아니라 오히려 자연적으로 사람들 사이에 있을 수 있는 육체적 불평등 같은 것을 도덕적 및 법률적인 평등으로 바꾸어 놓는다는 것, 또 사람은 체력이나 정신에 있어서는 불평등할 수 있지만, 약속이나 권리에 의해서 모두 평등해진다는 것이다.

그리고 〈사회계약론〉에서 말하기를, 자유를 얻은 인민들은 절대군주가 사라진 국가기구에 투표를 통해 '일반의지'를 구현하고, 정부를 구성하여 국가권력을 위임한다고 하였습니다. 이로써 인민들은 자신의 손으로 처음 권리를 행사하는 근대 시민국가를 만들게 됩니다.

이는 인류 역사상 노예상태였던 인간이 자유와 평등을 스스로 얻는 가장 위대한 정치적 승리라 하겠습니다. 이제 인간은 봉건제 사회의 복종하는 인간에서, 르네상스 시기의 의심하는 인간으로, 계몽시대의 투쟁하는 인간에서 근대 시민국가의 투표하는 인간으로 진화하였습니다. 그리고 가장 좋은 정부는 언제나 '일반의지'에 근접한 정부라는 것입니다.

❀ 성찰과 사색의 몇가지 틈새

1) 국가는 어떻게 만들어지나요?
2) 정부는 어떤 성격의 조직인가요?
3) 저항권과 혁명권은 무엇을 말하나요?
4) '일반의지'란 무엇을 말하나요?

22 위대한 설계

스티븐 호킹(1942-현재)

우주탄생과 생명체

신이 우주를 창조하고, 모든 것이 설계가 되었다는 믿음을 전제로 한다면 왜 세상이 유(有)이고, 우리가 왜 존재(存在)하며, 왜 세상에 법칙이 있는지 물을 필요도 없다. 과학은 이 때문에 철학적 질문과 종교적 믿음을 넘어, 자연대상을 관찰하고 분석하고 실험하고 추론하며 철학적, 종교적 물음에 대해 대답할 의무가 있다. 스티븐 호킹의 〈위대한 설계〉는 바로 철학과 종교의 물음에 대한 과학의 대답이다.

 한 줄 키워드로 읽는 〈위대한 설계〉

빅뱅, 팽창 우주론, 특이점, 블랙홀, M이론, 약이론, 위대한 설계

우리는 어떤 거대한 어항속에서 거대한 렌즈에 의해서 왜곡된 상을 보는 것이 아닐까?

왜 무가 아니라 무엇인가가 있을까? 왜 우리가 있을까? 왜 다른 법칙들이 아니라 이 특징한 법칙들이 있을까?

법칙들의 기원은 무엇일까? 법칙의 예외, 이를테면 기적은 존재할까? 가능한 법칙들의 결합은 오직 하나뿐일까?

* 이 책에 인용한 구절의 출전은 '까치' 출간본입니다.

22. 위대한 설계

왜 무가 아니라 무엇인가가 있을까?
왜 우리가 있을까?
왜 다른 법칙들이 아니라 이 특징한 법칙들이 있을까?

• 국내 출간물 : 까치글방(2), 웅진 지식하우스

이 세계는 어떻게 있는가? 이 세계는 누가 만들었는가? 그 누가 없다면 스스로 있는 것일까? 스스로 있다면 어떤 동력으로 있게 되었는가? 이 세계는 어떻게 움직이는가? 이 세계는 어떤 법칙들이 존재하는가?

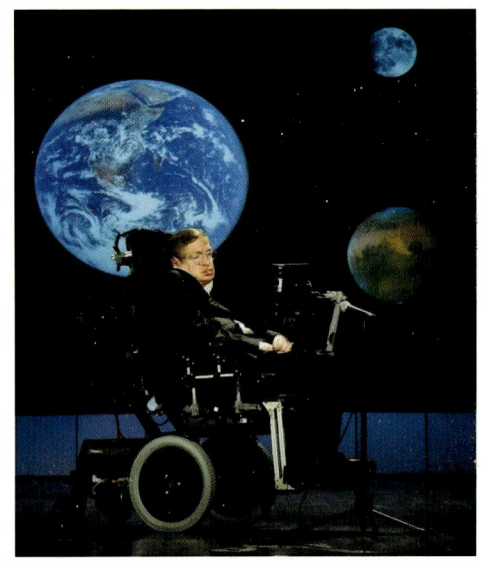
•저자 : 스티븐 호킹(1942-현재)

이런 질문은 인류가 우주와 자연대상을 관찰하고 사유한 이래 철학과 종교와 과학의 영역에서 한번도 떠나 본 적이 없는 근원적인 질문입니다. 동서양을 막론하고 이 문제에 대한 정답은 아직 없습니다.

다만 우리는 종교를 통하여 자신들의 신앙과 경전과 말씀이 진리라고 믿었으며, 수많은 지성인들은 신, 우주, 창조, 존재, 변화, 법칙, 근원 등에 관한 끊임없는 철학적 사색과 질문을 던졌습니다. 그리고 관찰하고 분석하고 연구하여 우주자연의 법칙성, 힘, 근본물질 등에 대한 탐구와 증명이라는 과학적 행위를 멈추지 않았습니다.

레오나르도 믈로디노프가 스티븐 호킹의 생각을 정리한 〈위대한 설계〉는 우주의 발생원리, 또는 창조원리 등에 대해 그것의 진실이 무엇인지 가장 가까운 거리에 이르렀다고 평가받는 위대한 과학자 스티븐 호킹의 철학적 과학탐구를 속시원하게 풀어주는 책입니다. 다소 어렵지만 철학의 눈으로 본다면 그다지 소화하는데 커다란 장벽은 없을 것입니다.

1. 스티븐 호킹, 우주의 비밀을 엿보다!

스티븐 호킹(Hawking)은 20세기 후반부를 화려하게 장식한 우주물리학자로 1942년 옥스퍼드에서 태어났고, 1962년에 케임브리지대학 대학원에서 물리학을 전공하였습니다. 공부를 하던중 이듬해에 운동신경이 점차로 파괴되어 온몸이 뒤틀리는 근위축증(루게릭병)을 진단받고 3년 이내에 세상을 떠날 것이라 하였지만 오늘까지도 그는 우주탄생과 구조의 비밀에 가장 근접한 우주물리학자라는 칭송을 받고 있습니다.

• 미우주항공국(NASA)에서 제시한 '블랙홀'의 모습

그는 1973년에 '블랙홀은 검은 것이 아니라 빛보다 빠른 속도의 입자를 방출하며 뜨거운 물체처럼 빛을 발한다'(블랙홀 증발)는 새로운 학설을 내놓아 강한 중력을 지닌 블랙홀이 주변의 물체를 모두 삼킨다는 기존의 학설을 뒤집어 버렸습니다.

또한 팽창우주론인 빅뱅(Big Bang)과 그것의 근원인 '특이점(特異點) 정리'와 시공간의 다층구조를 제시한 '양자우주론(量子宇宙論)' 등 현대물리학의 가장 중요한 3가지이론을 제시하여, 갈릴레이, 뉴턴, 아인슈타인을 계승하는 우주물리학자로 평가하고 있습니다.

2. 위대한 질문, 우주의 근본을 묻다!

스티븐 호킹의 〈위대한 설계〉는 모두 8장으로 구성이 되었는데 전체적인 내용은 1)우주는 왜 있는가, 2)우주는 어떻게 구성되었는가, 3)우주에 존재하는 힘은 어떻게 유지되는가, 4)지적 생명체인 인류는 어떻게 탄생했는가 등의 철학적 문제에 대해 과학적 해설을 하고 있습니다.

제1장의 존재의 수수께끼, 제2장의 법칙의 지배, 제3장의 실재란 무엇인가에서는 인류역사에서 탈레스, 데모크리토스, 토마스 아퀴나스, 케플러, 갈릴레이, 데카르트, 뉴턴 등 수많은 사상가, 종교가, 철학자, 과학자들이 제기한 우주자연의 근본문제에 대한 질문을 담고 있습니다.

왜 무가 아니라 무엇인가가 있을까?
왜 우리가 있을까?
왜 다른 법칙들이 아니라 이 특징한 법칙들이 있을까?

신이 우주를 창조하고, 모든 것이 설계가 되었다는 믿음을 전제로 한다면 왜 세상이 유(有)이고, 우리가 왜 존재(存在)하며, 왜 세상에 법칙이 있는지 물을 필요도 없습니다. 과학은 이 때문에 철학적 질문과 종교적 믿음을 넘어, 자연대상을 관찰하고 분석하고 실험하고 추론하며 철학적, 종교적 물음에 대해 대답할 의무가 있는 것입니다.

법칙들의 기원은 무엇일까?
법칙의 예외, 이를테면 기적은 존재할까?
가능한 법칙들의 결합은 오직 하나뿐일까?

3. 양자역학, 가능성의 우주를 생각하다!

영국 캠브리지대 출신의 물리학자인 뉴턴(1642-1727)이 생각한 고전물리학의 세계는 고정된 시공간을 지녔습니다. 그런데 뉴턴이 정식화한 절대공간과 절대시간의 물리법칙은 극미(極微)의 세계인 양자역학에 이르면 맞지 않게 됩니다.

그래서 스티븐 호킹의 〈위대한 설계〉에서는 양자역학의 예를 들어 우주자연이 단일성의 역사와 구조를 가진 것이 아니라, 다양하고 가능성이 있는 역사를 가졌다는 것을 말하고자 합니다.

우리가 우주자연을 어떤 신이나 초월자에 의해 규격화되거나 법칙적으로 구성되고 운행하는 것이 아니라는 생각을 하게 된다면 세상을 닫힌 시각이 아닌 열린 시각으로 볼 수 있게 되는 거지요.

• 국내에 출간된 여러 '양자역학(量子力學)' 관련서적들

4. 4가지 힘, 세계를 구성하다!

뉴턴은 1687년에 출간한 〈자연철학의 수학적 원리〉에서 우주가 현재의 구조로 유지되고 있는 것은 중력(重力)때문이란 것을 밝혔습니다. 그리고 그 후에 인류는 자연에 존재하는 힘으로 원자와 분자의 규모에서 지배적인 힘을 갖는 전자기력, 방사능의 원인인 약력(弱力, 약한 핵력), 원자핵 내부의 양성자들과 중성자들을 묶는 핵력(核力, 강한 핵력)을 찾아냈습니다.

문제는 각기 다른 이 4가지의 힘이 어떻게 우주의 구조를 유지하는지에 대한 확실한 해답은 찾지 못하였습니다. 아인슈타인은 이들 4가지 힘을 묶는 제5의 힘이 있다는 통일장이론을 제기하였지만 증명되지 않았습니다. 많은 과학자들은 통일장이론이 관찰 증거에 의해서 뒷받침되지 않기 때문에 표준모형(Standrd Model)이라는 임시방편을 세웠습니다.

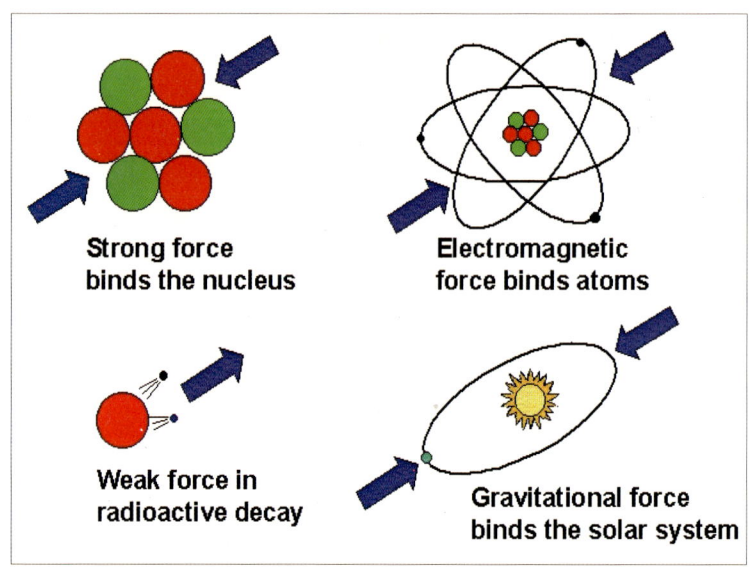

•우주의 4가지 힘 : 강력, 전자기력, 약력, 핵력

스티븐 호킹은 〈위대한 설계〉에서 이런 자연의 힘을 이해하기 위한 방편으로 다양한 차원의 우주가 중첩적으로 결합될 수 있다는 가능성을 열고, 이러한 자연의 힘을 이해하는 모형으로 거장(Master), 또는 기적(Miracle), 수수께끼(Mystery)를 모두 합하는 의미로 M이론이라 하였습니다.

5. 우리의 우주, 빅뱅을 찾다!

우주가 누군가에 의해 창조되지 않았다면 이 세계는 어떻게 실재하는가? 이에 대한 물음에 과학은 대답을 해야 할 것입니다. 스티븐 호킹의 〈위대한 설계〉는 허블(Edwin Powell Hubble:1889-1953)이 발견한 우주팽창의 증거들을 바탕으로 우주는 태초에 대폭발(빅뱅)로 만들어졌다고 말합니다.

빅뱅(Big Bang)이론은 1965년에 미국의 펜지어스와 윌슨이 우주배경복사(宇宙背景輻射, cosmic background radiation)를 확인하면서 사실로 인정이 되었고 우주는 팽창한다는 결론에 이릅니다. 팽창우주론에 의하면 우주는 고정되고 안정적인 정상상태 우주가 아니라 진화하고 소멸하고 탄생한다는 진화우주입니다.

•빅뱅(대폭발)의 순간 : 팽창우주론의 기본모형

우주가 빅뱅으로 이루어졌다면 그 태초는 특이점입니다. 특이점은 우주 팽창의 시작으로 무한대의 밀도(극도로 높은 에너지)를 가지고 부피는 제로(0)인 한 점이 필연적으로 존재하며, 이것이 어떤 원인이나 이유인지 모르지만, 대략 137억년전에 폭발하고, 이로부터 팽창하여 우주가 형성되었다는 것입니다.

6. 약원리, 기적같은 우연이 생명을 만들다!

우주에는 인간만이 지적인 생명체로 존재하는가? 수많은 영화, 소설 등에서는 외계생명체의 존재, 외계생명체의 지구방문, 미확인 비행물체(UFO)의 출현과 같은 이야기들로 넘쳐납니다. 그런데 어느것 하나 속시원하게 인간 탄생의 비밀을 말해주지는 않습니다.

스티븐 호킹의 〈위대한 설계〉에서는 인간이 탄생한 지구의 환경이 어느 누구에 의해 고도로 설계된 생명존재 가능성의 환경이 아니라는 생각을 말합니다.

•국내 출간물 : 스티븐 호킹에 관한 여러 서적들

태초에 우주가 폭발하고 3분에 걸쳐 원자가 형성되고, 이어서 중력과 같은 힘이 생기고, 나아가 천체들의 운행궤도가 이루어지면서 생겨난 실낱같은 가능성의 탄생이라고 합니다.

존재 자체를 위해 자연의 원리가 정해졌다는 생각을 강(强)원리, 환경이 지적 생명체가 존재할 수 있도록 적당하게 갖추어졌다는 생각을 약(弱)원리하고 합니다. 우리는 그런면에서 매우 행운아이며 우주의 기적입니다.

7. 왜 위대한 설계인가요?

우주가 무가 아니라, 자발적으로 자기 자신을 창조하였다면, 이는 무엇인가가 있는 이유, 우주가 존재하는 이유, 우리가 존재하는 이유를 설명할 수 있을 것입니다. 그러면 도화선에 누군가 불을 붙일 필요가 없이 스스로 운행하는 것이고, 굳이 신에게 불을 붙여 달라고 호소할 필요도 없을 것입니다.

•스티븐 호킹 : 우주탄생과 생명체의 존재가 위대한 설계

스스로 자신을 창조한 우주에서 인간은 스스로 그러한 약(弱)원리에 의해 자연 발생적으로 자연환경의 산물로 탄생하였습니다. 그리고 M이론을 통해 우주의 구성원리를 이해하고 있습니다. 그러기 때문에 인류와 우주는 위대한 설계입니다. 자기 자신을 스스로 만든 것이기 때문입니다.

※ 성찰과 사색의 몇가지 틈새

1) 빅뱅은 무엇을 말하나요?
2) 특이점은 어떤 상태인가요?
3) 약(弱)원리는 어떤 이론인가요?
4) 왜 위대한 설계인가요?

23 자유론

존 스튜어트 밀(1806-1873)

의사표현의 자유

밀은 〈자유론〉에서 사회나 국가가 개인에게 가질 수 있는 도덕적 한계를 지적하고 개인 자유의 정당성을 주장하였다. 다수의 전체로부터 개인의 자유가 필요하다는 것은 개별적 특수성을 인정하는 것이다. 비판과 토론, 의사표현의 자유는 가장 본질적인 공리이고 공의(公義)이다.

 한 줄 키워드로 읽는 〈자유론〉

자유주의, 공리주의, 비판, 토론, 공론, 의사표현

자신의 신체와 정신에 대해 각자는 주권자다.

인간은 토론과 경험에 힘입어 자신의 과오를 고칠 수 있다. 경험만으로는 부족하다.

어떤 사람의 견해를 억압하여 발생하는 해악이 설령 그 사람의 견해가 틀렸다고 하더라도 이것을 자유롭게 표현할 수 있게 허용함으로써 일어나는 해악보다 크다.

* 이 책에 인용한 구절의 출전은 '책세상' 출간본입니다.

23. 자유론

자신의 신체와 정신에 대해 각자는 주권자다.

 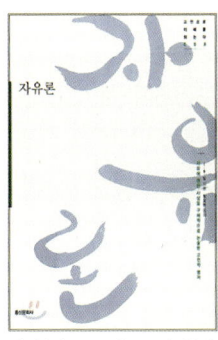  

• 국내 출간물 : 좌로부터 책세상. 홍신문화사. 문예출판사. 돋을새김

고전적 의미에서 자유주의는 봉건적 구속과 국가의 간섭을 배격하고 개인의 자유를 존중하는 태도나 사상을 말합니다. 자유주의의 뿌리는 시민혁명의 전조인 영국의 권리청원(1628)과 명예혁명을 상징하는 권리장전(1689)을 시작으로, 미국의 독립선언서(1776), 프랑스 대혁명의 인권선언서(1789)에서 기본적인 체계가 이루어졌다고 봅니다.

이때 자유는 정치적 강제를 벗어나고, 어떤 사회적 도덕률이나 종교적 억압과 강제로부터 해방, 법률과 권력으로부터의 관용, 개인적 이익추구에 의한 사회발전의 의미를 포함하고 있습니다.

그리고 재산권, 3권분립, 의회제도, 사유재산 보장, 신앙의 자유, 인권, 참정권 등으로 변화하고 발전하였습니다. 스튜어트 밀의 〈자유론〉은 이런 의미에서 자유주의의 교과서이자 이념서라고 하겠습니다.

1. 밀, 자유와 공리를 말하다!

•저자 : 존 스튜어트 밀(1806-1873)

존 스튜어트 밀(John Stuart Mill : 1806-1873)은 영국의 대표적 공리주의자이자 자유주의자로, 양적 공리주의를 주창한 벤담(1748-1832)의 정치적 동지인 제임스 밀(James Mill)의 장남으로 런던에서 출생하였습니다. 밀도 엄격한 아버지의 감독 아래 어린 시절에는 그리스어, 라틴어 등 조기교육을 받으며 자랐는데 7세때에 이미 라틴어로 지어진 난해한 플라톤의 〈대화편〉을 읽었다고 합니다.

자신의 의지와 지식을 믿는 주지주의(主知主義)적 사고의 밀은 아버지와 벤담의 보수적 도덕성과 양적인 수량으로 모든 행복을 계산한다는 양적 공리주의에 반감을 가졌습니다.

그가 말년에 저술한 〈자유론〉과 〈공리주의〉에는 〈국부론〉의 저자인 아담 스미스(1723-1790)와 잉여가치설을 주장한 리카도(1798-1823)의 영향과 더불어, 자유주의자인 부인 테일러와의 만남이 만들었다고 해도 지나치지 않습니다.

밀은 여성참정권(1866), 비례대표제, 보통선거권, 노동조합과 협동농장을 주장하였고, 사표로 받들고 존경한 아담 스미스의 〈국부론〉과는 다른 정부개입의 필요성을 주장하기도 하였습니다.

자신의 신체와 정신에 대해 각자는 주권자다.

그는 〈자유론〉에서 사회나 국가가 개인에게 가질 수 있는 도덕적 한계를 지적하고 개인 자유의 정당성을 주장하였습니다. 다수의 전체로부터 개인의 자유가 필요하다는 것은 개별적 특수성을 인정하는 것입니다. 이것이 질적 공리주의의 출발입니다.

밀이 생각하는 자유의 영역		
의식의 내면적 자유	취향과 탐구의 자유	단결의 자유
사상과 표현의 자유 의견과 감각의 자유	성격에 맞는 생활의 자유 결과 감수와 의지의 자유 타인에게 방해받지 않을 자유	집회와 결사의 자유

밀은 다수의 공공성을 위해 개인의 행복이 침해받지 않는 것이 중요하듯, 모든 이늘의 행복을 동일한 수치로 계량하는 것은 의미가 없으며, 행복의 원인, 행복의 내용, 행복의 방향, 행복의 의미가 중요하다는 행복방정식을 내세웠습니다. 따라서 만족한 돼지보다는 불만족한 인간이 좋고, 만족한 바보보다는 불만족한 소크라테스가 좋다는 명언을 남겼습니다.

2. 공리주의란 무엇인가?

공리주의(功利主義, utilitarianism)는 다수에게 유익한 것이 옳다는 것을 가치판단의 기준으로 보는 사상이며, 공공의 이익(utility)을 우선으로 하기 때문에 공리주의라고 부릅니다.

여기에서 공리란 어떤 행위의 선악(善惡)이나 시비(是非)를 가릴 때 그것이 인간의 이익과 행복을 얼마나 늘리느냐, 해치느냐에 대한 유용성과 결과를 판단하여 공공성에 합치되면 공리(功利)라 할 수 있는 것입니다.

• 국내의 출간물 : 공리주의 관련서

따라서 공리란 다수에게 공적으로 유익된 것, 행위나 가치의 유용성, 행복을 늘리는 것, 즐거움(쾌락)을 더하는 것 등에 최대의, 최고의 가치를 부여하는 철학적, 사상적, 정치적, 경제적 경향을 말한다고 보면 될 것입니다. 역사적으로 기원을 찾으면 청교도혁명과 명예혁명을 성공시킨 영국이 정치경제적 자신감을 공공성에 투여하면서 발생한 사상의 흐름으로 볼 수 있습니다.

공리주의 윤리학	공리주의 경제학	공리주의 정치학
공적 이익의 추구	자유로운 무역행위	의회 민주제도

보통은 19세기에 영국에서 활약한 벤담(Bentham, 1748-1832), 제임스 밀(James Mill, 1773-1836), 존 스튜어트 밀(John Stuart Mill, 1806-1873) 등을 중심으로 전개되었습니다. 그리고 그 주장의 대체적인 경향은 다수에게 더 많은 이익을 주어야 한다는 벤담의 양적 공리와 행복의 내용과 수준이 중요하다는 스튜어트 밀의 질적 공리로 나눌 수 있습니다.

3. 〈자유론〉, 공리주의에서 원천을 얻다!

공리주의는 개인, 사회, 국가의 관계에서 법률적 통제, 경제적 소유, 도덕적 기준에 관한 치열한 논쟁을 불러 일으켰고, 서유럽 자본주의 사회를 윤리적 자본주의로 만드는데 일조를 하였으며, 오늘날 유럽사회의 의회 민주주의, 시민 민주주의, 복지정책에 커다란 기여를 하였습니다.

그 까닭은 공리주의가 다수의 공공성과 이익을 보장하는 사유이기 때문입니다. 그것이 양적이든, 질적이든 관계가 없습니다. 따라서 공공의 이익에 근거한 도덕률과 법률제정이 정당성을 갖습니다. 공리주의는 이를 '공리는 도덕과 입법의 기초원리' 라고 하였습니다.

도덕은 최대의 행복을 누리게 하거나 보장해야 합니다. 입법은 최대의 다수에게 보편적이고 공정해야 합니다. 그러므로 공리주의가 추구하는 최대 다수의 최대 행복은 도덕과 입법의 기초 원리로 작동하는 기제(機制)인 셈이 됩니다. 이런 모든 것들을 밀은 자유라는 이름으로 정치적 철학체계로 발전시켰고, 〈자유론〉에 그것을 담아 냈습니다.

4. 〈자유론〉, 의사표현의 자유를 말하다!

〈자유론〉은 의사표현의 자유를 열렬하게 옹호하는 '자유 교과서'라고 할 수 있습니다. 중세의 봉건사회에서는 신분과 계급, 그리고 종교적, 정치적 이유로 의사표현이 절대적으로 제한을 받았습니다. 그래서 밀은 〈자유론〉에서 시민의 자유는 '의사표현'의 자유가 가장 중요하다고 본 것입니다.

• 토론과 비판의 자유 : 대한민국 국회의 필리버스터와 MBC 100 분토론

어떤 사람의 견해를 억압하여 발생하는 해악이 설령 그 사람의 견해가 틀렸다고 하더라도 이것을 자유롭게 표현할 수 있게 허용함으로써 일어나는 해악보다 크다.

의사표현의 자유는 타인의 견해에 대한 자유로운 비판과 토론이 전제되어야 합니다. 밀은 토론과 경험의 중요성을 말합니다. 인간은 토론과 경험에 힘입어 자신의 과오를 고칠 수 있으며, 과거의 경험을 올바르게 해석하려면 토론이 반드시 있어야 한다고 말합니다.

또한 침묵의 강요에 대해 밀은 〈자유론〉에서 '전체 인류 가운데 단 한 사람이 다른 생각을 가지고 있다고 해서, 그에게 침묵을 강요하는 것은 옳지 못하다. 이것은 어떤 한 사람이 자기와 생각이 다르다고 나머지 사람 전부에게 침묵을 강요하는 일만큼이나 용납될 수 없는 것이다'라고 주장합니다.

그래서 밀은 '의사표현의 자유'와 함께 '비판과 토론'이 이루어지는 사회가 자유로운 사회라고 보았습니다. 비판과 토론이 없는 사회는 다수가 소수에게 침묵을 강요하기 때문입니다. 의사표현의 자유, 비판과 토론의 자유, 그리고 침묵을 강요받지 않는 사회를 말하고 있습니다. 다수가 옳고, 동의한다고 해도 한 사람의 반대를 억압하지 않는게 중요하다는 생각입니다.

인간은 토론과 경험에 힘입어 자신의 과오를 고칠 수 있다. 경험만으로는 부족하다. 과거의 경험을 올바르게 해석하자면 토론이 반드시 있어야 한다.

5. 〈자유론〉, 자유를 말하다!

〈자유론〉에서 밀은 상해의 원리를 말하고 있는데, 이것은 '타인에게 앞으로 일어날 수 있는 상해(傷害)만이 내가 하고자 하려는 어떤 행위를 하지 못하게 하는 유일한 수용 가능한 근거'라는 것입니다. 이로부터 자유는 무한대의 가능성을 가지게 됩니다.

타인에게 앞으로 일어날 수 있는 상해(傷害)만이 내가 하고자 하려는 어떤 행위를 하지 못하게 하는 유일한 수봉 가능한 근거이다.

하지만 예외도 있습니다. 사회적 자유는 공공성을 기준으로 합니다. 자살을 하려는 사람이 있습니다. 자기생명의 주인인 본인에게 설령 죽을 수 있는 자유가 있더라도 사람은 대부분 그의 자살을 원치 않기 때문에 구하는 자유도 있다는 생각이 밀의 공리주의적 자유입니다.

•국내 출간물 : 김영사. 예림당

이처럼 자유는 무한대로 주어지지 않습니다. 공공적 이익에 부합되어야 정당성을 갖습니다. 그런데 그것을 무기로 삼아 오히려 자유를 억압하는 세력이 자유를 수호한다는 명분으로 자유를 해치는 경우도 많이 있습니다. 자유가 자유를 죽이는 역설의 현상입니다.

우리 대한민국의 민주공화정은 자유 민주주의를 지향합니다. 여기서 문제는 자유의 범위와 제한내용입니다. 자의적 해석이 가해지면 오히려 이 자유는 자유를 억압하는 수단이 됩니다. 오늘 〈자유론〉을 읽으면서 헌법과 자유의 가치를 생각해 봅니다.

🌼 성찰과 사색의 몇가지 틈새

1) 자유주의는 어떻게 생겼나요?
2) 공리와 자유는 어떤 관계인가요?
3) 토론과 비판은 왜 필요한가요?
4) 의사표현이 중요한 이유는요?

24 어머니

막심 고리키(1868-1936)

모성애와 동지애

우리 현실에서 모성애가 가득한 어머니는 실제로는 무한한 약자이고, 사회의식이 고양될 수 없는 환경의 속박에 갇혀있는 여인이다. 그런 어머니가 아들의 활동과 의식에 점차로 동조하고, 결국에는 혁명가로 나서게 되는 것은 당시 러시아 사회의 모순을 그대로 보여주는 사례이다. 그것은 사회의 바닥에서부터 세상을 변화시기려는 몸부림의 표현이나.

 **한 줄 키워드로 읽는 〈어머니〉**

모성애, 어머니, 사랑, 동지애, 남녀평등, 사회적 어머니

얘야, 너 혼자서 무슨 일을 할 수 있겠니? 네가 죽게 돼!

이 분은 자식을 위해서, 자식의 길을 따라 나선 최초의 어머니일 거요, 최초의 어머니.

피바다를 이룬대도 진리는 죽지 않을 것이다!

* 이 책에 인용한 구절의 출전은 '열린책들' 출간본입니다.

24. 어머니

우리는 모두 한 어머니의 자식들입니다.
이 세상 모든 노동자들이 한 형제에요!

• 국내 출간물 : 좌로부터 열린책들, 써네스트, 채우리, 푸른숲

　러시아 공산혁명을 성공시킨 레닌(1870-1924)은 고리키의 〈어머니〉를 혁명의 교과서라고 하였습니다. 어떤 사람들은 사회주의적 인간이 어떻게 살아야 하는지를 보여주는 삶의 지침서라고 합니다. 그만큼 〈어머니〉가 러시아 혁명과 사회주의 인민들에게 끼친 영향력이 어떤가를 미루어 짐작할 수 있습니다.

　보통 고리키의 〈어머니〉는 러시아에서 공산혁명의 당위성과 인간성을 구현해낸 소비에트 문학의 기수라는 찬사와 더불어 어떻게 인간이 단련되고 성장하는지를 보여준 사회주의 리얼리즘(사실주의)의 표본이라고 합니다. 물론 문학적 문체와 기교, 작품성은 다른 평가가 있지만 말입니다. 이제 고리키의 〈어머니〉의 작품세계로 인문여행을 떠나봅니다.

1. 고리키, 러시아 혁명을 낳다!

막심 고리키(1868-1936)는 러시아 볼가강에 위치한 연안 도시인 니즈니 노브고로드(Nizhni Novgorod)에서 출생하였습니다. 본명은 보통 러시아인처럼 길게 알렉세이 막시모비치 페쉬코프(Aleksei Maksimovich Peshkov)입니다. 그는 3살 때 아버지가 세상을 떠나고, 그후 어머니가 재혼하여 외가에서 살았고, 지난한 가난으로 짐꾼, 구두수선공 등 힘겨운 삶을 살았습니다.

•저자 : 막심 고리키(1868-1936)

이런 경험이 그의 작품세계에 담긴 혁명성이라 할 수 있습니다. 12세때에 집을 나가 각지를 돌아다니며 방황하다가 볼가강 화물선 식당에 취업하여 안정된 삶을 살면서 독서와 사색을 할 수 있었으며 볼가강의 자연은 그에게 풍부한 시적 영감을 주었을 것입니다.

막심 고리키(1868-1936)의 연보		
1868-1884	1-16세	볼가강 자연생활과 독서의 시기
1884-1891	16-23세	진보적 지식인과 교류, 혁명의 길(실패)
1892-1900	24-32세	문학의 길로 나섬
1901-1917	33-49세	유럽여행과 레닌과의 우정
1917-1936	49-68세	사회주의 리얼리즘 문학 추구

그리고 카잔(Kazan)에서 사회주의 지하조직 활동을 하며 진보적인 혁명가와 교류하였고, 20세 때에는 볼가강 연안의 끌라스노비도보로 이주하여 농촌계몽운동을 하였고, 이로 인해 수배와 체포, 감옥살이를 하였습니다. 그로부터 러시아 민중의 고통받는 삶을 소설속에 투영하는 작가의 길로 나서게 됩니다.

고리키의 사회주의 인간상을 그린 〈어머니〉는 이때의 혁명실패를 바탕으로 역사적 조건과 인간의 의식성장을 사실적으로 묘사하게 됩니다. 러시아 소비에트 문학의 아버지, 사회주의 리얼리즘 문학의 창건자로 널리 칭송받은 그는 1936년에 폐렴으로 세상을 떠납니다.

2. 어머니, 세상을 바꾸다!

막심 고리키의 〈어머니〉는 무척이나 정치적이고 혁명적인 당위성이 담긴 작품입니다. 이 작품이 세상에 나온 1907년도는 제1차 러시아혁명(1905)이 실패하고, 새로운 혁명의 활로와 혁명적 전사상(戰士像)을 만들 필요성이 제기되던 시기였고, 마침 이때의 정치상황과 맞물려 러시아 혁명의 역사를 만드는 작품이 세상에 나올 수 있었습니다.

한 사람의 열 걸음보다 열 사람의 한 걸음이!

당연히 〈어머니〉는 1902년도에 소르모프에서 일어난 실제사건을 배경으로 노동자들의 투쟁과 당의 활동을 담아내고 있습니다. 이 사건의 실제인물인 볼셰비키 노동자인 표도르 안드레이비치, 그의 어머니인 안나 끼릴로브나 잘로모바는 작품속에서 주인공으로 등장합니다. 사회주의 리얼리즘(사실주의)의 전형적인 본보기 작품인 셈이 됩니다.

러시아 전제정치에 반대하거나 저항한 러시아 민중-지식인운동			
카자흐 전사	인텔리겐챠(지식인)	나르도니키	볼세비키
푸가초프의 난 (1873–1875)	데카프리스트 반란 (1825)	브 나르도 운동 (1873)	공산혁명 (1917)

작품속의 어머니인 뻴라게야 닐로브나(펠라게야 닐로브나 블라소바)는 술주정꾼 남편에게 얻어맞고 살면서 감내하는 비참한 여인입니다. 그녀의 아들인 빠벨(파벨)은 노동운동, 혁명운동을 가열차게 전개하는 혁명 전사입니다.

처음에는 그런 아들의 비밀회합, 학습과 토론이 불안했지만, 그 내용을 알고 나서부터 자유와 평등을 실천하는 아들과 노동자 친구들에 감화되었으며, 점차로 동조를 하고, 동지가 되고, 혁명가로 발전합니다. 그리고 혁명의 이념을 전파하는 실천적인 여전사로 세상에 나옵니다.

• 〈어머니〉 : 러시아 작품속의 여러 삽화들

고리키는 어느 지역의 묻힐 수도 있는 실제사건을 혁명운동의 당위성과 발전과정, 사회주의 인간상을 〈어머니〉에 살려 놓았습니다. 그래서 이 작품을 사회주의 리얼리즘의 기념작이라 칭하고 있습니다.

아울러 러시아의 대다수 노동자, 민중을 하나의 혁명적 주체로 형상화 시켰을 뿐 아니라, 러시아의 현실, 혁명이 갖는 건강성을 그려내서 러시아 소비에트 문학의 기준을 제시하였다는 평가를 받습니다.

3. 왜 '어머니' 인가요?

　동아시아는 물론이고 유럽, 러시아의 봉건사회에서 여성들은 독립적인 경제생활, 주체적인 정치의식, 보편적 인권의 보호를 받지 못하고, 아울러 남녀평등의 사회적 대우도 없는 약자이고, 피해자이고, 억압당하는 자입니다. 그러면서도 그런 사회와 가족관계를 자신의 운명이라 생각하며 살고 있습니다.

　〈어머니〉에 나오는 빠벨(파벨)의 어머니인 뻴라게야 닐로브나도 여타의 여인처럼 남편의 술주정과 폭언과 폭행을 감내하면서 아들의 존재 하나만 바라보고 버티고 있습니다.

　어느덧 이미 오래전에 몸에 베어버린 습관이 그렇듯 똑같은 생각의 반복이 모든 일의 운명이 되어 버렸다. 하지만 누구 하나 그와 같은 상태를 바꾸려 하지 않았다.

　우리 현실에서 모성애가 가득한 어머니는 실제로는 무한한 약자이고, 사회의식이 고양될 수 없는 환경의 속박에 갇혀있는 여인입니다.

• 고리키를 기념하는 은화와 우편엽서, 우표

그런 어머니가 아들의 활동과 의식에 점차로 동조하고, 결국에는 혁명가로 나서게 되는 것은 당시 러시아 사회의 모순을 그대로 보여주는 사례입니다. 그것은 사회의 바닥에서부터 세상을 변화시키려는 몸부림의 표현이기도 한 것입니다.

우선 공부를 하고 다음엔 사람들을 가르쳐야겠어요. 우리같은 노동자들은 배워야해요. 우리는 알고 이해해야만 합니다. 우리들의 삶이 어째서 그렇듯 고통스러운가를 말이에요.

가장 변화하기가 어려운 어머니의 극적인 변화가 물결처럼 일어나는 사회는 혁명의 필요성과 그것이 발생할 수 밖에 없는 사회적 시기인 셈입니다. 고리키의 작품속에 나타나는 어머니는 개인 한 명의 각성이 아니라 전체 인민의 분노를 표현하고 있는 것입니다. 그래서 어머니는 한 사람이 아니라 모든 억압자의 대행자이고 상징적 인물상이 됩니다.

4. 생명의 어머니는 누구를 말하는가요?

대부분의 문학작품에서 어머니는 인류를 구원하는 존재입니다. 어머니는 인간의 도덕성을 세우고 죄의식을 느끼게 만드는 원초적인 사랑입니다. 따라서 르네상스 이후에 기독교적 세계를 탈피한 유럽에서 모성(母性)은 하느님의 사랑이 인류에 내재된 본원적 양심으로 받아 들여집니다. 다빈치가 그린 '모나리자'가 바로 모든 여성의 '모성'을 상징합니다.

그래서 모나리자와 같은 어머니의 사랑은 차별없는 세상을 만드는 도덕윤리의 기준점이 됩니다. 자식에게 한없는 사랑이 보편적인 형제애로 전화(轉化)되면 그것은 세상을 구원하는 예수님의 사랑과 같아집니다. 고리키는 〈어머니〉에서 이런 모성애를 사회적 모성애로 변모하는 과정을 사실적으로 그리고 있습니다.

• 한국적 정서를 소재로 〈어머니〉를 조명한 여러 작품들

한국 노동자의 어머니로 불리우는 이소선도 여느 어머니처럼 착하고 순박한 아낙이었습니다. 가난한 삶에서 제대로 공부를 시키지 못한 아들 전태일이 열심히 공장에 다닐 때 건강하고 행복하게 살기만 바란 어머니입니다. 그런 어머니가 아들의 죽음을 보고 서서히 이 사회의 모순과 거짓과 허위와 부도덕에 눈을 뜨고 모든 노동자들의 어머니로 성장합니다.

5. 사회적 어머니는 어떻게 탄생하나요?

사회적 어머니는 각성된 어머니입니다. 그러나 쉽게 그런 각성은 일어나지 않습니다. 학습과 경험과 실천이 이어져야 합니다. 빠벨(파벨)의 어머니인 뻴라게야 닐로브나도 처음에는 자식 걱정 뿐입니다.

애야, 너 혼자서 무슨 일을 할 수 있겠니?

네가 죽게 돼!

그리고 아들과 동지들이 학습하고 토론하고 논의하는 모습을 지켜보면서 점차로 자기 자신의 삶과 사회적 문제에 눈을 뜨기 시작합니다. 가치있는 인간으로 살기를 원하는 인간이 무엇인지 아들에게 들으면서 그녀는 드디어 속박의 여인이 아니라 한 인간으로 존재한다는 자아를 찾게 됩니다. 그것은 아들의 노력과 그것을 받아 들이는 어머니의 자세에 있었습니다.

• 〈어머니〉의 형상화 : 다양한 모습으로 그려진 '어머니'

우리는 모두
한 어머니의 자식들입니다.
이 세상 모든 노동자들이 한 형제에요!

이 분은 자식을 위해서, 자식의 길을 따라 나선 최초의 어머니일 거요. 최초의 어머니.

어머니는 드디어 자신이 살아온 삶을 떨쳐버릴 수 있었습니다. 그간의 삶은 하루의 배고픔을 잊는 것, 남편의 매질이 없기를 바라는 것, 장님이 되어 세상을 볼 수 없었던 지난 날과의 이별이었습니다. 어머니는 드디어 생명의 어머니에서 사회적 어머니로 재탄생하였던 것입니다.

6. 고리키, 동지애를 꿈꾸다!

힘없는 다수의 사람들이 소수의 힘있는 사람을 이겨낼 수 있는 것은 동지애적 단결과 힘의 조직이라 하겠습니다. 〈어머니〉에서는 그것을 노동투쟁의 과정을 통해 보여주고 있습니다. 주인공 빠벨은 노동 투쟁의 과정에서 그것을 체험적으로 습득하고 단련합니다. 그의 연설문을 한 번 볼까요!

동지들, 드디어 우리 자신 말고는 우리를 도울 사람은 하나도 없다는 것을 깨달을 때가 왔습니다. 〈한 사람의 열 걸음보다 열 사람의 한 걸음이!〉 이게 바로 우리의 강령입니다. 우리의 적을 쳐부수기 위해서!

빠벨의 어머니는 자식의 길을 따릅니다. 그녀는 사회적 어머니인 동시에 현실의 동지가 됩니다. 아들을 대신하여 선언문을 배포하는 어머니의 행동은 이

•영화속 장면 : 러시아 영화 〈어머니(1925)〉

제 단순히 아들의 길을 따르는 최초의 어머니에서 한걸음 더 나아가 자식의 동지로, 사회적 혁명가로 첫발을 내딛습니다.

이제 모든 이들이 뻴라게야 닐로브나를 동지로 인식합니다. 그녀도 이제 '당신들 모두는 동지이고 친척이며, 모두 한 어머니의 자식들이오, 그렇고 말고'

라고 합니다. 그리고 자식을 위해 투쟁의 길에 나서고, 헌병에게 짓밟히면서 외칩니다.

"피바다를 이룬다해도 진리는 멈추지 않을 것이다!"

❋ 성찰과 사색의 몇가지 틈새
1) 모성적 어머니는 어떤 어머니를 말하나요?
2) 어떻게 사회적 어머니가 되는가요?
3) 동지애는 무엇을 말하나요?
4) 어머니는 러시아를 어떻게 변화시켰나요?

한권으로 읽는
인문필독서 48권 특강 1

내용목차

01 오래된 미래, 헬레나 노르베리 호지
지역중심의 미래, 다시 희망으로
다양성과 획일성에 대해서
대안을 찾아, 미래를 향하여.
오래된 미래, 철학적 가치를 찾다!

02 시민의 불복종, 헨리 데이빗 소로우
소로우, 월든에서 자연법을 말하다
육신의 국가와 양심의 국가
불의한 법을 지켜야 할까요?
한 명의 의인이 전체를 발효시킨다
양심의 소수는 이미 다수이다
불복종의 처벌이 왜 잃는게 적을까요?
어떤 정부를 세워야 할까요?

03 아큐정전, 노신
신문화운동의 문을 열다!
누신은 어떤 사람인가요?
노신, 광인일기로 말하다.
아큐(阿Q)는 누구인가요?
아큐는 왜 사당에 살고 있을까요?
때린 사람이 유명하면 맞은 사람도 유명하다!
아큐, 사회적 약자를 희롱하다
아큐, 세상은 바뀌었는데 주인은 그대로!

04 사람은 무엇으로 사는가, 톨스토이

역사를 움직이는 힘은 무엇일까요?
사랑과 노동과 공동체 정신은 무엇인가요?
교회는 왜 천사를 구하지 않았나요?
일하지 않으면 먹을 생각을 마라!
천사 미하일이 깨달은 하느님의 사랑
사람은 무엇으로 사는가?

05 우리들의 일그러진 영웅, 이문열

〈우리들의 일그러진 영웅〉은 어떤 작품인가요?
민중에 대한 허무주의란 무엇인가요?
엄석대의 권력은 어떤 속성인가요?
교실의 민주주의는 어디에 있나요?
위로부터 주어진 민주주의
우리들의 일그러진 영웅

06 대위의 딸, 푸시킨

근대 영웅상은 누구인가요?
푸시킨은 어떤 인물상을 구하였을까요?
표토르3세는 누구인가요?
그리뇨프의 도덕성은 무엇인가요?
산 짐승의 피는 어떤 상징인가요?
푸가초프는 왜 군중속에서 죽을까요?

07 연어, 안도현

연어라는 말속에는 왜 강물냄새가 날까요?
자아의 몸부림은 어떻게 나타나나요?
연어의 존재목적은 무엇인가요?
모든 존재는 더불어 살아간다
세상의 모든 것은 서로 배경이 된다
무지개와 폭포의 상징성은 무엇인가요?
삶의 존재이유는 삶의 연속성에 있다

08 상식, 토머스 페인

〈상식〉은 어떤 책인가요?
정부의 기능은 무엇인가요?
군주제와 세습은 왜 악인가요?
아메리카의 대의는 인류의 대의!
페인의 꿈은 지금도 상식이다!

09 동물농장, 조지 오웰

동물농장에 혁명이 일어나다!
7대 강령은 무엇을 말하나요?
나폴레옹이 혁명의 열매를 훔치다
나폴레옹의 공포정치
돼지들의 세상이 오다!

10 난장이가 쏘아올린 작은 공, 조세희

뫼비우스의 띠
낙원구 행복동은 어디에 있나요?
난장이가 쏘아올린 작은공
굴뚝 옆에 떠있는 달
굴뚝에서 죽은 난장이

11 걸리버 여행기, 조나단 스위프트

소인국은 어떤 나라인가요?
대인국은 어떤 나라인가요?
하늘을 나는 섬나라는 어떤 나라인가요?
말나라는 어떤 나라인가요?
풍자의 힘은 어디에서 오나요?

12 당신들의 천국, 이청준

당신들의 천국은 어떤 작품인가요?
조백헌은 현실에서 누구를 말하나요?
이상욱은 무엇이 두려운걸까요?
소록도는 어째서 당신들의 천국인가요?
우리들의 천국은 어떻게 올까요?

13 갈매기의 꿈, 리처드 바크

모든 권위에 도전하라, 68혁명!
비틀즈와 렛잇비(Let It Be)
갈매기 조나단은 구도자를 상징한다
가장 높이 나는 갈매기가 가장 멀리 본다!
먹기위해 나는 것과 날기위해 나는 것!
진리의 구현자는 왜 자기땅에서 유배되는가?
위대한 갈매기의 아들은 없다!

14 상록수, 심훈

심훈, 북경에서 '브 나르도'를 만나다
심훈은 왜 상록수를 썼을까요?
청석골 채영신, 그녀는 어떤 사람인가요?
한곡리 박동혁, 그의 미래는 어떠한가요?
상록수의 미래는 윤봉길인가요?

15 카타리나 블룸의 잃어버린 명예, 하인리히 뵐

언론권력이 개인을 무너뜨리다!
일상적 무형의 폭력을 비판하다!
언론이 공정성을 가져야 하는 이유
카타리나 블룸은 어떤 명예살인을 당했나요?
진실의 횃불은 어디에...

16 광장, 최인훈

광장은 민주주의이다!
이명준, 타고르에게 가다!
남과 북, 광장을 버렸다!
윤애와 은혜는 어떤 상징인가요?
인도행 타고르호, 갈매기가 따라오다!
이명준, 바다에 잠들다!

17 전태일 평전, 조영래

전태일, 그는 누구인가요?
대학생 친구가 한 명 있었으면...
현실이야말로 가장 좋은 교사!
바보회, 인간의 길을 걷다!
전태일사상, 사회적 인간이 되다!
1970.11.13, 내 죽음을 헛되이말라!

18 데미안, 헤르만 헤세

데미안, 나를 찾아가는 길
두 세계, 카인과 아벨
압락사스, 선과 악의 양면성
삶은 자연이 던진 돌

19 인간 불평등 기원론, 장 자크 루소

계몽사상, 혁명에 불을 당기다!
인문적 성찰, 불평등은 어디에서 오는가요?
철학적 사유, 자연으로 돌아가라!
인간은 왜 도덕적으로 타락하는가요?
불평등은 어떻게 치유가 되는가요?
근대시민국가, 자유와 평등을 위해....

20 백범일지, 김구

백범 김구, 그의 삶은 한국의 근현대사이다!
백범 김구, 2015년도에 부활하다!
백범 김구, 그의 심성을 들여다보!
백범(白凡), 민중속으로 들어가다!
백범(白凡), 평등한 마음이 담기다!
백범, 생명적 인간에서 사회적 인간으로...
의혈투쟁, 김구는 왜 테러를 택했는가?
백범, 그가 꿈꾼 나라

21 죽은 시인의 사회, 클라인바움

죽은 시인의 사회, 자유를 노래하다!
웰튼(Wellton), 헬튼(Hellton)이 되다!
키팅, 죽은 시인의 시를 읽다!
파격, 현재를 깨야 새로움이 열린다!
카르페 디엠, 오늘을 즐겨라!

22 삼민주의, 손문(쑨원)

손문, 혁명의 바다에 뛰어들다!
멸만흥한, 혁명의 구호가 되다!
삼민주의, 그 역사의 뿌리를 찾아
삼민주의, 3단계로 발전하다!
민권, 4권 5치를 말하다!
손문, 중국사의 별이 되다!

23 죄와 벌, 도스토예프스키

도스토예프스키, 그의 문학세계를 엿보다!
문학의 자연주의와 현실주의
죄와 벌은 어떤 의미일까요?
선한 목적은 악한 수단을 정당화 할 수 있을까요?
인간은 어떻게 죄의식을 느끼나요?
양심만이 죄의식을 벗길 수 있나요?
죄와 벌, 구원을 위한 길

24 역사란 무엇인가, 에드워드 카

카, 역사이념의 지평을 열다!
있는 그대로, 랑케의 역사관
역사가의 시각은 객관적인가요?
비코, 크로체, 콜링우드의 역사관
역사는 정말로 객관적인가요?
역사서는 왜 주관적인가요?
카, 역사의 진보를 위해...

한권으로 읽는
인문필독서 48권 특강 2

1판 2쇄 발행 : 2017년 9월 29일

지은이 : 오정윤
펴낸곳 : (주)열린미래학교
펴낸이 : 홍수례
편 집 : 여인경
인 쇄 : 삼신인쇄
등록일 : 2006년 1월 24일(제2006-000028호)

주 소 : 서울 중구 을지로12길-27호(초동 107-4)
전 화 : 02-2277-9181
팩 스 : 02-2277-9588
이메일 : miraeschool@naver.com
홈페이지 : http://www.miraeschool.com

ISBN 979-11-960273-2-2 04810
ISBN 979-11-960273-0-8 (전2권)

값 19,800원

* 잘못된 책은 구입하신 곳에서 바꿔드립니다.
* 이 책의 사진 가운데 저작자의 게재허락을 구하지 못한 사진들은 저작권자가 확인 되는대로 게재허락을 받고 통상의 기준에 따라 사용료를 지불하겠습니다.

이 도서의 국립중앙도서관 출판시도서목록(CIP)은
서지정보유통지원시스템 홈페이지(http://seoji.nl.go.kr)와
국가자료공동목록시스템http://www.nl.go.kr/kolisnet)에서 이용하실 수 있습니다.
(CIP제어번호 : 2017004932호)